UNIVERSITY OF NORTH CAROLINA
STUDIES IN THE ROMANCE LANGUAGES AND LITERATURES
Number 41

GASTON D'ORLEANS ET SA COUR:

ETUDE LITTERAIRE

GASTON D'ORLEANS ET SA COUR:
ETUDE LITTERAIRE

PAR

CLAUDE KURT ABRAHAM

CHAPEL HILL

THE UNIVERSITY OF NORTH CAROLINA PRESS

Revised Edition
Copyright, 1964, by
The University of North Carolina

	Page
PREFACE	IX

Chapitre

I.	1608-1626: FORMATION D'UN ESPRIT MECONTENT	1
II.	1626-1631: DEBUTS D'UN MECENE	11
III.	1631-1634: EXIL	51
IV.	1634-1643: DE GENTILHOMME CAMPAGNARD A LIEUTENANT-GENERAL	65
V.	1643-1652: GASTON ET LA REGENTE	91
VI.	1652-1660: RETRAITE A BLOIS	117
CONCLUSION		133
BIBLIOGRAPHIE SELECTIVE		137

PREFACE

Gaston d'Orléans a été l'objet de beaucoup d'études,[1] mais toujours du point de vue de l'histoire politique, et sans attacher de prix à la question sociale ou littéraire. Pourtant, il nous semble que ces différents aspects sont inséparables.

Notre dessein est double: tracer une biographie de ce prince qui ait une valeur pour l'étudiant de la littérature du dix-septième siècle, et montrer que Gaston fut un mécène des gens de lettres. Nous essayerons de montrer que les goûts de Gaston d'Orléans, trop souvent condamnés par des auteurs qui n'avaient pas pris la peine d'examiner toutes les données, ne lui sont pas particuliers mais, au contraire, représentatifs d'une grande partie de la noblesse de son temps.

Une littérature est un miroir où se reflètent les hommes et les mœurs du temps. Depuis une trentaine d'années, l'image sereine d'un siècle uni, sans troubles, a été effacée par des travaux tels ceux de MM. Demeure, Adam et Pintard. À la fin du siècle dernier, Perrens avait déjà peint un tableau du dix-septième siècle où l'on ne voyait que libertinage, mais ce tableau n'est pas des plus exacts. Lachèvre, lui aussi, nous montre des libertins, mais comme des phénomènes isolés et inexpliqués. Pourtant, l'incidence de la politique, d'une morale, ou d'une façon de vivre sur la littérature n'est pas isolée ou épisodique. Si le théâtre de Mairet, par exemple, s'explique par le

---

[1] Parmi la multitude des mémoires, citons ceux de Nicolas Goulas, de Bois d'Annemetz, d'Algay de Martignac, de Fontenoy-Mareuil et de Pontchartrain. Ces mémoires laissent beaucoup de lacunes que la seule étude récente de Georges Déthan, *Gaston d'Orléans* (Paris: Fayard, 1959), n'a pas pu combler.

fait que l'auteur était du groupe de Montmorency, celui de Tristan s'explique par son association avec Gaston. Aubignac et Pure, théoriciens du théâtre du dix-septième siècle, admettent qu'il y a un rapport étroit entre la vie des grands et "les représentations du théâtre tragique," et que, pour plaire, il faut "quelque chose d'applicable au siècle et aux gens qui y font la principale figure".[2] Ceci ne veut pas dire que tout poème soit un poème d'occasion et que toute pièce soit une pièce à clef. Un parallèle entre la réalité historique et la fiction, entre le passé et le présent, peut être momentané, même spontané. Les spectateurs peuvent voir, dans un personnage, dans un incident, une allusion à un homme, à un fait contemporain, sans que cette "allégorie" — le terme est employé d'une façon très ambiguë au dix-septième siècle — se retrouve ailleurs dans la pièce. Ces portraits par pièces détachées, comme les nomme un des grands dramaturges du dix-septième siècle, sont alors des lieux communs qui ne surprennent personne, tout le monde s'y attendant.[3]

Ce que nous nous proposons de faire, c'est d'étudier un milieu en cueillant, dans la littérature issue de ce milieu, des allusions à sa vie, à ses mœurs, à son état d'âme. Comme l'a remarqué M. Antoine Adam,

> Autour de Montmorency surtout, et un peu de Gaston d'Orléans, se sont groupés les indépendants.... Leur groupe fut un clan politique, mais aussi un mouvement intellectuel. La mort de Montmorency, le discrédit où tomba Gaston d'Orléans, ont plus fait, pour étouffer le libertinage que le procès de Théophile.[4]

Hâtons-nous de dire que nous ne sommes pas d'accord quant à l'étouffement du libertinage, que l'on voit vivre longtemps après la mort de Théophile et la disgrâce de Gaston.
Le libertinage est un mouvement rationaliste, mais aussi

---

[2] Cités par Georges Couton, *La Vieillesse de Corneille* (Paris: Maloine, 1949), p. 281.
[3] Corneille, *Œuvres*, p.p. Ch. Marty-Lavaux (Paris: Hachette, 1862), X, 188.
[4] *Théophile de Viau et la libre pensée en France en 1620* (Paris: Droz, 1935), p. 431.

un groupe sociologique opposé à la tradition. Les libertins, à part ceux qui ont formé la Tétrade décrite par M. Pintard[5] *— Gassendi, Naudé, La Mothe le Vayer et Déodati, ce dernier remplacé plus tard par Patin — ne font pas école. Beaucoup d'entre eux vécurent dans l'entourage de certains aristocrates qui permirent ou encouragèrent la libre pensée. Nous étudierons l'un des milieux.*

---

[5] René Pintard, *Le Libertinage érudit dans la première moitié du XVIIe siècle* (Paris: Boivin, 1943).

Chapitre I

1608-1626: FORMATION D'UN ESPRIT MECONTENT

Le 25 avril 1608, anniversaire de la naissance de Saint Louis, Brulart, secrétaire du roi, écrit la lettre suivante sous la dictée de son maître:

> A mon cousin le duc de Montmorency, [etc.]
> Mon Cousin, Ayant pleu à Dieu délivrer la Royne ma femme de sa grossesse et la faire accoucher heureusement d'un beau fils, je vous en ay bien voulu advertir par ceste lettre, afin que vous en faciés faire les feux de joie et actions de graces à Dieu en l'estendue de vostre gouvernement.[1]

En effet, à neuf heures du matin, Gaston-Jean-Baptiste de France, troisième fils de Henri IV, vient de naître.[2] Le roi nourrit déjà de grands espoirs pour ce fils. Dans une des lettres qu'il dicte ce jour-là, il dit qu'il espère voir tous ses fils succéder à ses biens et maintenir son renom.[3]

Immédiatement, le jeune Gaston, duc d'Anjou, est confié à Jeanne de Harlay, baronne de Montglat, qui l'élève jusqu'en

---

[1] Henri IV, *Recueil des lettres missives*, p.p. Berger de Xivrey (Paris: Imprimerie Impériale, 1858), VII, 530-31. Henri envoie des lettres analogues et des circulaires sur la naissance de Gaston à tous les ambassadeurs, gouverneurs, villes et provinces.
[2] Louis, l'aîné, naquit le 27 septembre 1601, et Nicolas, duc d'Orléans, le 16 avril 1607.
[3] *Lettres*, p. 533.

1615.[4] En 1611, Nicolas, qui a toujours été un enfant maladif, meurt. Louis XIII n'a alors que dix ans, Gaston quatre. Les officiers de la maison de Nicolas, qui ont perdu leurs postes, veulent tous entrer dans la maison de Gaston, ce qui donne lieu à des luttes acharnées. Cœuvres et Béthune, le frère de Sully, ne parviennent pas à entrer chez Gaston.

Le 15 juin 1614,[5] "entre midi et une heure, au Louvre, en la chapelle de la Reine,"[6] Gaston et sa sœur Henriette sont baptisés. La reine n'y est même pas.[7] Le cardinal de Joyeuse et la reine Marguerite[8] sont les parrains de Gaston.

Un an plus tard, vers la mi-juillet, Gaston est ôté aux femmes et mis sous le gouvernement des hommes.[9] François Savary, marquis de Maulévrier, sieur de Brèves,[10] devient son gouverneur, assisté de Mansan et de René de Lage, sieur de Puylaurens, père d'Antoine de Puylaurens, futur favori de Gaston.

Brèves ordonne la maison du jeune prince, l'entourant d'hommes soigneusement choisis. "Comme le sieur de Brèves connoissoit Monsieur d'un esprit prompt, actif, et qui prenoit plaisir à l'entretien des habiles gens sur toutes sortes de sujets",[11] il choisit des hommes qui instruiront Gaston sans l'ennuyer. Ces "gentilhommes ordinaires" sont au nombre de quatre: Machault, esprit universel, fort en géographie et en mathématiques; Poysieux, d'humeur retenue, mais très sensé; Gedoyn, un autre esprit universel. Ce dernier,

---

[4] François de Paule de Clermont, marquis de Montglat, *Mémoires* (dans Michaud et Poujoulat, *Nouvelle collection des mémoires pour servir à l'histoire de France*, Série III, Vol. V), p. 8.

[5] Le 5 juin selon Algay de Martignac dans *Les Mémoires de Gaston, duc d'Orléans* (Michaud et Poujoulat, Série II, Vol. IX), p. 563. Mais Malherbe, qui écrit au moment où les événements ont lieu, est plus sûr. Notons en passant que ces *Mémoires de Gaston* sont en vérité de Jean de Lasseré, selon M. Georges Dethan (*Dix-septième siècle* (1959), 292-297). Nous les laissons à Algay de Martignac afin de faciliter la notation.

[6] Malherbe, *Œuvres* (Paris: Hachette, 1862), III, 434.

[7] Ibid., p. 430.

[8] La célèbre "Reine Margot".

[9] Malherbe, III, 511.

[10] Ambassadeur habile en Orient, il rentre en France et, en 1607, devient conseiller d'état. De 1608 à 1614, il est ambassadeur à Rome. Il en revient pour se charger de l'éducation de Gaston.

[11] *Mémoires de Gaston*, p. 564.

bien qu'il fût en estime d'être un peu libertin,... ne le faisoit pas paroître, et sa façon d'agir et de parler étoit toujours fort composée et fort accorte, s'accomodant au goût de ceux avec lesquels il s'entretenoit;[12]

enfin du Plessis de Bièvres, esprit jovial, mais sans vulgarité.

Brèves instruit son élève, mais il veut en faire un "honnête homme" avant tout. Gaston, ayant insulté les gentilshommes qui le servaient à table, Brèves les remplace par des "galopins de cuisine",[13] lui disant que c'est tout ce qu'il mérite. De telles leçons ne sont pas vite oubliées.

C'est vers ce moment-là que Louis XIII commence à être jaloux de son frère. Ses courtisans l'y poussant, il va même se plaindre à sa mère "qu'elle aimoit mieux Monsieur son frère que lui, ce qu'il étoit aisé à juger de son visage quand l'un ou l'autre entroit en sa chambre, et qu'on avoit mille peines à obtenir d'elle tout ce qu'on demandoit pour S.M."[14] Cette jalousie a dû être couvée depuis longtemps, et peut-être avec raison. Déjà du vivant de Henri IV, Gaston avait été choyé plus que ses frères:

L'on peut dire avec vérité que luy seul [Gaston] a plus reçu de caresses de luy [Henri IV] que S.M. qui estoit alors Monseigneur le Dauphin, ny aussi que Monseigneur d'Orléans, qu'il plut à Dieu d'appeler tost apres la mort de ce grand Prince.[15]

Le 24 avril 1617, le maréchal d'Ancre est assassiné, et Luynes le remplace auprès du roi. Comme Brèves est tout dévoué à la reine, Luynes n'a aucune difficulté à convaincre Louis XIII du danger que Gaston, poussé par un ambitieux comme Brèves, peut représenter pour le roi. Le plan proposé par Luynes est de séparer Gaston de son gouverneur et de le mettre entre les mains d'un homme dévoué à Luynes et au roi; cet homme transformera Gaston de manière à ne plus menacer la personne et le prestige du souverain. Peu après, Brèves est relevé de ses

---

[12] Ibid.
[13] Ibid., p. 565.
[14] Richelieu, *Mémoires* (Paris: Renouard, 1907), I, 418.
[15] Jacques Daniel de Bois d'Annemetz, *Mémoires d'vn favori de Son Altesse Royale monsieur le dvc d'Orléans* (Leyde: Sambix le jeune, 1668), p. 4.

fonctions auprès du jeune prince et remplacé par le comte de Lude.[16] Chazan, personnage qui avait aidé Luynes dans ses "amourettes avec La Clinchamp",[17] occupe le poste de Le Royer comme secrétaire de Gaston tandis que Contade devient sous-gouverneur. Il était peu intelligent et très grossier et,

comme le comte de Lude étoit sujet à ses plaisirs, et ne se pouvoit captiver, il se reposoit le plus souvent de la conduite de ce prince [Gaston] sur Contade, qui effaça bientôt les bonnes impressions données à Monsieur, et lui communiqua ce qu'il avoit de vicieux, qui étoit le jurement.[18]

Le 27 septembre 1619 le comte de Lude meurt à son tour et le colonel d'Ornano le remplace. La reine, qui n'a pas été consultée sur ce choix, est très froissée par cette insulte.[19] Richelieu, alors de son parti, est contrarié par le choix que Luynes a fait,[20] mais dans une lettre au favori, il dit que la reine "a grandement approuvé le choix qu'il a pleu au roy de faire de M. le colonel".[21] C'est faire bonne mine à mauvais jeu.

Le lendemain de la mort de Lude, Gaston arrive à Tours. Puylaurens, son enfant d'honneur, avait été chassé et Gaston était allé le visiter à Chancheurré où il avait attrapé la petite vérole vers le 27 août.[22] Lors de son arrivée à Tours, il semble guéri[23] quoique sa santé ne fût pas des meilleures. Ornano et sa femme se rendent vite compte que le jeune prince est habitué à faire ce qui lui plaît et que la fortune des Ornano est désormais liée directement à celle de Gaston. Donc, pour

---

[16] Les mémoires du temps ne sont pas d'accord sur la date de cet événement. *Les Mémoires de Gaston*, p. 565, disent "incontinent après" la mort du maréchal d'Ancre. François Duval, marquis de Fontenoy-Mareuil, dans ses *Mémoires* (Michaud et Poujoulat, Série II, Vol. V), p. 121, dit simplement 1617. Richelieu (*Mémoires*, II, 258) dit fin 1617, et Robert Arnauld d'Andilly, dans son *Journal inédit* (Paris: Techner, 1857), pp. 368-371, dit 22 avril 1618, ce qui est peu probable, étant donné la rapidité avec laquelle Luynes a mis ses amis dans les postes préalablement occupés par ceux de la reine.
[17] *Mémoires de Gaston*, p. 565.
[18] Ibid.
[19] Arnauld, p. 450. Richelieu, *Mémoires*, II, 382. Pontchartrain, *Mémoires* (Michaud et Poujoulat, Série II, Vol. V), pp. 408-9. Fontenoy-Mareuil, p. 142.
[20] *Mémoires*, II, 382.
[21] Richelieu, *Lettres instructions diplomatiques et papiers d'état* (Paris: Imprimerie Royale, 1853-77), VII, 931.
[22] *Mémoires d'un favori*, p. 6.
[23] Arnauld, p. 444.

élever l'une et l'autre, il faut guérir Gaston de ses manières désordonnées. Pour y arriver, le colonel n'hésite pas à montrer les verges à son élève tandis que sa femme le supplie de ne pas le battre — subterfuge, car il n'avait aucune intention de le faire. Ajoutons que ce subterfuge réussit à merveille: Gaston devient un peu plus posé et les Ornano montent rapidement dans l'estime de leur élève.

La jalousie presque endormie de Louis XIII est réveillée par Luynes entre 1619 et 1621. Voulant augmenter l'emprise qu'il a sur l'esprit du roi, Luynes dresse deux plans de bataille: d'abord réduire à néant le pouvoir de la reine; ensuite, éloigner Gaston de la scène politique, l'isolant dans une oisiveté complète. C'est cette oisiveté forcée qui poussera le prince toute sa vie vers le parti des mécontents.

Pour détruire le peu d'amour que Louis XIII montrait à sa mère, Luynes établit un réseau de calomniateurs autour du roi. Tout ce que la reine fait, tout ce qu'elle dit n'a, selon eux, qu'un but: usurper le pouvoir royal. Bientôt la reine se voit isolée au point que personne n'a le courage de lui rendre visite ou de lui parler. Même "le gouverneur de Monsieur a pour principale instruction de le mener rarement chez elle".[24] Luynes finira par interdire à Gaston d'aller voir sa mère.[25]

Au printemps de 1622 on est à un cheveu d'une réconciliation, mais la reine tombe malade et se trouve obligée d'aller prendre les eaux à Pougues.[26] Luynes fait aussitôt croire au roi que cette maladie n'est qu'un prétexte pour que la reine puisse s'éloigner du roi et demeurer près de Gaston "qu'elle aimoit mieux que le Roi et le vouloit élever à son prejudice".[27] Un homme plus perspicace que Louis XIII aurait ressenti la fausseté d'une telle accusation. Pourquoi sa mère, au moment où elle allait reprendre son empire sur lui, aurait-elle laissé son aîné entre les mains de Luynes, si ce n'est que la maladie l'y obligeait?[28]

---

[24] Richelieu, *Mémoires*, III, 132.
[25] Ibid., p. 192.
[26] Dans les environs de Nevers.
[27] Richelieu, *Mémoires*, III, 233.
[28] Voir aussi Richelieu, *Lettres*, I, 709, celle du 14 avril.

Vers la fin de cette année, après une longue fièvre et un flux de ventre, Gaston d'Orléans tombe malade de la pierre. Son état de santé devient des plus précaires, ce qui tourmente le roi qui devient soudain son protecteur.[29] En effet, Monsieur le Prince,[30] la maison de Lorraine, et plusieurs puissances étrangères seraient bien aises de le voir mort, mais cette mort ne leur serait utile que si Louis mourait sans proche parent. Ainsi, Gaston devient un bouclier contre l'assassinat de son frère, ce que Richelieu ne manqua pas de voir.[31]

Vers 1624, la situation se complique. Le roi n'a pas encore d'enfant, et Gaston approche de l'âge de se marier. S'il s'allie à une maison étrangère, la situation deviendra encore pire pour Louis XIII. S'il épouse Mlle de Montpensier, il sera jeté dans le camp des Guise. De toute façon, s'il se marie et continue sa lignée avant que son frère aîné n'en fasse autant, ce dernier se verra encore plus en danger. En face de ce dilemme, le roi se décide à différer le mariage de son frère. Ornano, voyant qu'il n'y a rien à faire de ce côté et voulant avancer ses affaires autant que celles du prince, suggère que son protégé ait une plus grande part aux affaires politiques du royaume, chose qui "lui est due".[32] Alarmé par cette ambition croissante, et poussé par les conseils de la Vieuville[33] qui est jaloux du pouvoir d'Ornano, le roi demande à ce dernier de s'éloigner de la cour. Le colonel refuse, disant qu'il lui serait impossible de se défendre contre ses ennemis. Louis XIII, irrité par ce refus, le fait enfermer le 6 juin au château de Vincennes d'où il est transféré à la prison de Caen. Mais, peu après, La Vieuville étant déchu, les prières de Gaston d'Orléans sont entendues et Louis XIII rend petit à petit la liberté à Ornano. Le 10 août, il écrit au marquis de Hauny, gouverneur de Caen, de

---

[29] [A. de Boislisle?], "Lettres de Louis XIII (1619-1626)", Annuaire-Bulletin de la Société de l'histoire de France, X (1873), pp. 230-31: Lettres à Ornano du 5 et du 21 juillet 1622.

[30] Le duc de Condé.

[31] *Mémoires*, III, 221.

[32] *Mémoires de Gaston*, p. 566.

[33] Charles, duc de La Vieuville, surintendant des finances du mois de janvier 1623 au mois d'août 1624. Mort en 1653.

donner une plus grande liberté au prisonnier[34] et le 18 du même mois, le roi permet à Ornano de revenir à la cour. Selon Richelieu, il est rétabli dans la charge qu'il avait auparavant,[35] tandis que selon les mémoires de Bois d'Annemetz, il revient comme premier gentilhomme de la chambre de Gaston d'Orléans et comme surintendant de sa maison;[36] comme la plupart des mémorialistes indiquent que Gaston, vu son âge, se passe de tuteur, cette dernière source nous semble plus sûre.

Pendant l'absence du colonel, plusieurs personnes d'importance se sont introduites auprès de Gaston. Mentionnons Raray et Blaru, qui deviennent ses favoris, et Moret, fils naturel de Henri IV, qui quitte son collège pour se joindre à Gaston, au grand mécontentement du roi.

D'Elbeuf, qui avait travaillé à la libération d'Ornano, s'introduit dans les bonnes grâces du prince et lui parle sans cesse de Mlle de Montpensier que Gaston regarde pour la première fois d'un bon œil. Le roi, qui voudrait encore différer le mariage de son frère, en est très contrarié, et il espère que le colonel d'Ornano mettra fin à ces projets, car il est le seul en qui Monsieur ait confiance. C'est du moins l'opinion du souverain.

De 1624 à 1626, cette créance s'enracine tandis que l'ambition du colonel d'Ornano s'élève. C'est avec inquiétude que Louis XIII et Richelieu voient grandir ce monstre, et le 8 mai 1626, ils y mettent fin en faisant jeter le colonel en prison. Le même jour, Chaudebonne [37] est arrêté lui aussi et incarcéré.

Gaston d'Orléans, dont le mécontentement se fait de plus en plus vif, essaie en vain de lui venir en aide. Son entourage, en grande partie au service du cardinal, l'en empêche. Il adresse à la maréchale d'Ornano une lettre qui est lue en plein conseil le lendemain, ce qui prouve le peu de confiance que l'on pouvait

---

[34] "Lettres de Louis XIII", p. 240.
[35] *Mémoires*, IV, 132.
[36] *Mémoires d'un favori*, p. 29.
[37] Claude d'Eurre, sieur de Chaudebonne. Familier de Gaston et de la "chambre bleue" de l'Hôtel de Rambouillet. Il se compromet sans cesse dans les complots de Gaston d'Orléans. C'est lui qui introduira Voiture dans la "chambre bleue" et chez le prince.

mettre en Goulas, à qui elle avait été remise.[38] Le prince, ne sachant sur qui s'appuyer, congédie bon nombre de gentils‑hommes de sa suite. Arnauld d'Andilly est chassé,[39] Marche‑ville et Goulas sont démasqués et perdent tout crédit,[40] mais ceux qui restent ne valent guère mieux.

Le 31 mai, Gaston d'Orléans signe un acte de soumission des plus humbles, moyennant lequel le roi et la reine-mère promettent de bien traiter le prisonnier. Le 15 juin, Louis XIII annonce au cardinal de Richelieu qu'il a fait jeter en prison ses deux frères naturels, le duc de Vendôme et le Grand Prieur, "pour bonnes et grandes considérations importantes à mon état".[41] Le même jour, le roi écrit à la duchesse d'Elbeuf, sa sœur naturelle, essayant de la tranquilliser, sans y parvenir car, quelques jours plus tard, pour s'assurer les bonnes grâces du roi, le duc d'Elbeuf trahit Chalais [42] par une exagération qui touche à la calomnie. Chalais, mécontent, s'était ouverte‑ment allié à Gaston et avait joué d'imprudence. Elbeuf dit au roi que Gaston, ayant voulu tuer son frère, avait désigné Chalais comme assassin. Chalais est arrêté et mené à Nantes. Gaston, voyant que tout ce qu'il touche se gâte, veut quitter la cour une fois pour toutes.[43] Ses conseillers, pourtant, l'en dissuadent et il se résigne à faire un mariage qui ne lui plaît pas. A cela il y a un dernier empêchement: Gaston vient de contracter "une maladie que l'on prend chez les femmes".[44] Il est très probable que ce délai est dû à une indiscrétion d'El‑beuf qui avait aidé le prince à perdre sa virginité en lui faisant "conduire une assez vieille garse, nommée la de Serre dans le parc de Madrid." [45] Gaston rencontra cette femme une fois encore et, selon les mémorialistes du temps, c'est une ren‑contre de plus qu'il ne faut pour attraper "la maladie du

---

[38] *Mémoires d'un favori*, p. 57.
[39] Ibid., p. 59.
[40] Ibid., p. 86.
[41] "Lettres de Louis XIII", pp. 256-57.
[42] Henri de Talleyrand, comte de Chalais, né en 1599. Ses intrigues le me‑nèrent à l'échafaud.
[43] *Mémoires d'un favori*, p. 88.
[44] Ibid., p. 99.
[45] Ibid., p. 27.

métier". Puis, le 5 août, Gaston étant rétabli, le mariage avec la duchesse de Montpensier a lieu.

Ce mariage est doublement triste: Gaston ne se marie qu'à contre-cœur et il sait que, en se mariant, il condamne Chalais. En effet, Louis, n'ayant plus besoin de la bonne volonté de Gaston, n'a plus peur de le contrarier. Le procès de Chalais commence le 11 août et, le 19, le pauvre homme est décapité. Entre ces deux dates, Gaston, découragé et démoralisé, quitte la cour. Quand il apprend la mort affreuse de Chalais, il est en train de jouer à l'abbé.[46] Indifférent à la nouvelle, il n'arrête même pas le cours de ce jeu puéril.[47] Marié à contre-cœur, réconcilié avec le roi et le cardinal, mais à contre-cœur aussi, désenchanté, il abandonne la lutte politique pour le moment et se jette dans la vie intellectuelle, espérant y trouver l'oubli de ses malheurs.

---

[46] Le jeu de l'abbé, où l'on désigne un chef, l'abbé, dont on doit suivre et imiter toutes les actions.
[47] *Mémoires d'un favori*, p. 112.

Chapitre II

1626-1631: DEBUTS D'UN MECENE

Peu de temps après le mariage, "il parust des signes manifestes que Madame estoit grosse."[1] Ainsi l'importance politique de Gaston, qui avait, lors de son mariage, reçu en apanage les duchés d'Orléans et de Chartres et le comté de Blois, grandit encore: Anne d'Autriche n'est pas encore enceinte et plusieurs princes songent à renverser Louis XIII pour mettre Gaston à sa place.

Cette situation réveille la jalousie de Louis. La reine-mère veut "voir perpétuer sa postérité" comme le dit Malherbe dans sa lettre du 2 août à M. du Bouillon Malherbe.[2] Elle a toujours préféré Gaston à Louis, et c'est par ce premier qu'elle voudrait voir perpétuer sa race, les deux choses qui lui sont les plus chères au monde étant Paris et Monsieur,[3] selon son aveu au Parlement de Paris.

Louis XIII a, en effet, quelques raisons de préoccupation. Madame est enceinte et la reine ne l'est pas. Il se peut qu'elle le soit bientôt, mais les Français, comme Malherbe, pensent qu'il vaut mieux "avoir deux cordes à son arc."[4] Dans une lettre, Malherbe dit qu'il espère "qu'au bout de l'an la Reine aura un Dauphin."[5] Notons qu'il a biffé le mot "Reine" pour

---

[1] Fontenoy-Mareuil, p. 183.
[2] *Œuvres*, IV, 65.
[3] Ibid., III, 515.
[4] Ibid., IV, 244.
[5] Ibid.

le remplacer par "France," montrant bien l'attitude que craint Louis XIII. La jalousie prend parfois des tournures risibles. En 1615 Louis s'était opposé à l'état de la maison de Gaston en disant que ce dernier était "mieux traité qu'il [Louis] avoit été quand il étoit dauphin."⁶ Maintenant, c'est à la reine qu'il en veut. Anne avait voulu empêcher le mariage de Gaston. Richelieu, voulant la perdre, fait croire à Louis qu'Anne avait été de concert avec Chalais. Louis, en présence de Richelieu et du conseil, accuse sa femme de tremper dans ce complot pour se réserver Gaston si elle devenait veuve. La jeune reine répond spirituellement "qu'elle auroit trop peu gagné au change pour vouloir se noircir d'un crime pour un si petit intérêt."⁷

Mais, ce qui nous intéresse encore plus c'est l'attention que Gaston reçoit du monde littéraire. Dans une lettre du 30 août 1626, Faret écrit à Vaugelas: "Tout le monde espère de voir désormais fleurir avec luy le siècle des honnestes gents."⁸

Ce point de vue n'est pas nouveau. Ce n'est pas la première fois que Gaston est loué. Déjà en 1614 un courtisan lui avait offert un matin, à son lever, un long poème en quatrains que cet enfant de six ans ne pouvait guère comprendre.⁹ Maintenant, Tristan est chez Gaston depuis près de cinq ans, le louant dans ses vers, et Malherbe, vers 1624, a écrit un sonnet dont la lettre de Faret que nous venons de citer n'est qu'un écho:

> Muses, quand finira cette longue remise
> De contenter Gaston, et d'écrire de lui?
> Le soin que vous avez de la gloire d'autrui
> Peut-il mieux s'employer qu'à si belle entreprise?
>
> En ce malheureux siècle où chacun vous méprise,
> Et quinconque vous sert n'en a que de l'ennui,
> Quel espoir avez-vous de trouver de l'appui,
> S'il ne vous tend les mains, et ne vous favorise?

---

⁶ Ibid., III, 497.
⁷ Françoise de Motteville, *Mémoires* (dans Michaud et Poujoulat, Série II, Vol. X), p. 22.
⁸ Nicolas Faret, *L'Honneste Homme; ou, l'art de plaire à la court* (Paris: PUF, 1925), p. 3.
⁹ Emile Magne, *Voiture et l'Hôtel de Rambouillet* (Paris: Emile-Paul, 1929-30), I, 16-17.

> Je crois bien que la peur d'oser plus qu'il ne faut,
> Et les difficultés d'un ouvrage si haut,
> Vous ôtent le desir que sa vertu vous donne;
>
> Mais tant de beaux objets tous les jours s'augmentants,
> Puisqu'en âge si bas leur nombre vous étonne,
> Comme y fournirez-vous quand il aura vingt ans? [10]

Néanmoins, Tristan est le seul poète de profession parmi les nobles de la cour, et les louanges en vers ne sont que des cas isolés.

C'est en 1626, pendant la grossesse de Madame, que le rôle de Gaston comme mécène prend forme. Vers la fin de 1626, *Sylvie,* tragi-comédie de Mairet, nous montre Gaston à peine voilé sous la fiction. Mairet fait partie du cercle qui entoure Montmorency, lequel est allié à Gaston. Or, dans *Sylvie,* le chancelier dit au roi:

> Sire, ie crois pour moy le Prince si bien né,
> Que quelque empeschement dont il soit destourné,
> S'il cognoist que l'affaire importe à la Sicile,
> On ne le treuuera nullement difficile. [11]

N'y a-t-il pas là une allusion à Gaston et à son mariage avec Mlle de Montpensier? Sa soumission douloureuse, sa liberté empêtrée, son sacrifice à la raison d'état, tout y est.

On a beaucoup parlé des débauches de Gaston, mais sans pouvoir apporter beaucoup de témoignages très probants. En revanche, on trouve sans cesse les marques de la haute estime qu'on avait pour lui dans les mémoires et les histoires littéraires du temps. Gaston "aimoit les esprits cultivés, et ... faisoit tenir chez lui de savantes conférences, où l'on arrivoit préparé sur les matières qu'il avoit indiquées lui-même." [12]

---

[10] *Œuvres,* I, 259.
[11] Jean de Mairet, *La Sylvie* (Paris: Droz, 1932), p. 101.
[12] Paul Pellisson Fontanier et abbé d'Olivet, *Histoire de l'Académie Française* (Paris: Didier, 1858), II, 81.

Boissat y a entrée et y récite deux discours, l'un sur l'amour des corps et l'autre sur le rien.[13] Boissat, dont l'œuvre montre "plus de facilité que d'élégance, plus de fécondité que de choix"[14] représente assez bien l'esprit d'un élément de la cour de Gaston: ses idées sont assez profondes, et si ses écrits sont médiocres, c'est que la facilité de son esprit ne trouve pas son égal dans l'expression. Le premier de ces discours deviendra son discours de réception à l'Académie le 2 septembre 1635, "De l'amour des corps" — qui fait suite au discours de réception de Desmarets sur l'amour des esprits, prononcé le 13 août — affirmant que l'amour charnel peut être aussi divin que l'amour des esprits. Ces deux discours sont opposés au discours de Chapelain du 6 août intitulé "Contre l'amour".

Réaliste, souvent libertin, parfois débauché, mais toujours d'un niveau intellectuel très élevé, voilà donc le milieu sur lequel Gaston va trôner le reste de sa vie.

Définissons nos termes. Il y a, selon nous, deux formes différentes de libertinage, non seulement dans leur mode d'expression, mais aussi — et surtout — dans leur genèse.

Le libertin érudit que décrit Pintard est un savant qui, à la suite de longues recherches au fond de lui-même, trouve une vérité qui est plus ou moins écartée de celle de l'Eglise et qui gouverne sa vie selon les règles que sa nouvelle morale lui dicte.

Le libertin, tel que le voit Lachèvre,

> est un homme aimant le plaisir, tous les plaisirs, sacrifiant à la bonne chère, le plus souvent de mauvaises mœurs, raillant la religion, n'ayant d'autre Dieu que la Nature, niant l'immortalité de l'âme et dégagé des erreurs populaires.[15]

Cette seconde classe de libertins ressemble un peu aux libertins que nous verrons chez Gaston, mais il faut changer un peu

---

[13] Jean Pierre Nicéron, *Mémoires pour servir à l'histoire des hommes illustres dans la république des lettres* (Paris: Briasson, 1728-39), XIII, 385-86.

[14] Pellisson et d'Olivet, II, 88.

[15] *Le Libertinage au XVIIe siècle* (Paris: Champion, 1909-24), ⁻, xxiii.

la définition avant qu'elle soit acceptable. Tout d'abord, un tel libertin a-t-il jamais existé? Il nous semble que non. Ce type idéal de Lachèvre est l'union entre le libertin de Pintard et celui que nous allons étudier. Ce dernier "aime le plaisir, tous les plaisirs;" il sacrifie à la bonne chère; il raille Dieu; mais s'il se moque de la religion ce n'est que pour justifier sa débauche. Il ne peut pas se vanter d'avoir une philosophie libertine, n'ayant que le caractère faible sans avoir l'esprit fort.

S'il raille Dieu, c'est parce que c'est commode et à la mode. Le défi, quand il vient d'un bretailleur ou d'un libertin — ou des deux: l'on n'a qu'à jeter un regard sur la vie de Cyrano — est un acte fait pour épater et pour se faire valoir.

Néanmoins, ce milieu est intellectuel. Il suffit d'examiner, comme nous allons le faire, les habitudes de l'académie de Gaston et de lire les œuvres de Vaugelas ou de Boissat pour en être convaincu. Il faut simplement séparer les débauches des études.

D'ailleurs, on a exagéré les débauches de Gaston. Gaston est débauché, mais il est comme la plupart des gens de cour d'alors et ne fait qu'imiter ses égaux. Tout le monde convient que les mœurs étaient fort libres sous Henri IV. Sous Louis XIII elles se purifient un peu, mais surtout en apparence. Un jeu aussi innocent que le jeu de l'abbé devient, chez Monsieur le Prince, tout ce qu'il y a d'opposé à la bienséance.[16] Accusé de sodomie et de toutes sortes d'autres irrégularités sexuelles, ce prince, au cours d'une débauche, "passa tout nu à cheval par les rues de Sens, en plein midi."[17] La promiscuité est chantée partout, dans *l'Astrée,* dans les vers à la mode, dans les actions des courtisans et même dans celles de la reine.[18]

Les mœurs libres du temps sont reflétées dans un grand nombre d'œuvres littéraires. Voiture note que Mlle Paulet sup-

---

[16] Maurice Magendie, *La Politesse mondaine et les théories de l'honnêteté, en France, au XVIIe siècle, de 1600 à 1660* (Paris: Alcon, 1925), I, 72.
[17] Gédéon Tallemant des Réaux, *Les Historiettes* (Paris: Garnier, s.d.), Conte XCI.
[18] Augustin Cabanès, *Le Cabinet secret de l'histoire* (Paris: Michel, 1930), I, 122 sv.

prime le mouchoir sur la gorge.[19] Jean Auvray, en 1631, publie *Dorinde* dont voici un extrait:

SIGISMOND

...ce beau sein
D'Orgueil ou par fureur s'est enflé sous ma main,
Belles sources de feu qui sont toujours fécondes.

DORINDE

Tenez-vous

SIGISMOND

Je les tiens et posséde deux mondes.

Après ce jeu de mots, Sigismond va plus loin encore:

Quel miracle de voir au sein que j'idolâtre
Deux fraises en tout temps rougir sur de l'albatre.[20]

Dans un erratum, l'auteur admet que "Dorinde n'est pas entiérement demeurée vierge sous la presse."[21] On ne peut mieux dire.

Pierre du Ryer, dans *Les Vendanges de Suresne* de 1635, permet à Lisette de conseiller à Florice

Quand il voudra toucher ou le sein ou la bouche,
Feignant de l'empescher, permettez qu'il les touche.[22]

Et dans l'acte suivant, Tircis prend à Dorimène "une fleur qu'on doit laisser cveillir."[23] On a le droit de se demander comment cela se passe sur la scène.

---

[19] *Œuvres* (Paris: Charpentier, 1855), I, 58.
[20] Louis César de La Vallière et Marin de la Ciotat, *Bibliothèque du théâtre françois* (Dresde: Groelle, 1768), I, 430.
[21] Ibid., p. 431.
[22] Edouard Fournier, ed., *Le Théâtre français au XVIe et au XVIIe siècle; ou Choix des comédies les plus remarquables antérieures à Molière* (Paris: Garnier, [1903]) II, 89.
[23] Ibid., p. 113.

André Mareschal, dans *Le Railleur*, permet la même liberté à Amédor[24] et Rotrou dévoile le sein dans plusieurs de ses pièces.[25] Dans *La Céliane*, l'amant colle ses lèvres sur le sein de sa maîtresse et les y laisse pendant qu'elle récite vingt vers.[26]

On a longtemps soutenu que ces grossièretés n'étaient débitées que pour la canaille. Pourtant, les nobles, et même les "honnêtes femmes" allaient au théâtre comme l'a récemment démontré John Lough en s'appuyant sur des documents plus sûrs que Tallemant.[27] D'ailleurs, on n'a qu'à jeter un regard sur les ballets dansés à la cour pour voir le peu de cas que l'on faisait alors de la pudeur.

La pudeur n'est pas la seule vertu qui pâtit. L'indécence et la grossièreté sont partout et pénètrent jusqu'à la chaire.[28] Julie d'Angennes se moque de Dieu[29] et de la pudeur des femmes[30] autent que de la bienséance.[31]

Revenons à la cour de Gaston.

On a soutenu que le marinisme avait envahi ce milieu et y avait été fort goûté, que les cours de Montmorency et de Gaston avaient accueilli Marino comme un frère.[32] Mais il n'en peut être ainsi, à moins que l'on ne réduise le marinisme à une théorie philosophique de libertinage; tout au plus, ce libertinage tiède est un sous-produit.

Dans une grande partie de l'Italie, les Espagnols, vainqueurs, occupaient tous les postes de responsabilité. Beaucoup de princes italiens n'avaient donc qu'à s'amuser. Marino est le reflet de cette décadence, d'une vie aussi brillante qu'elle est vide. Son lyrisme, si érotique qu'il soit, reste cérébral dans ses passages les plus exaltés.

---

[24] Ibid., p. 181.
[25] *La Diane*, Acte V, sc. x; *La Céliane*, Acte II, sc. ii; *La Célimène*, Acte V, scs. viii, xi.
[26] Jean Rotrou, *Œuvres* (Paris: Desoer, 1820), II, 279.
[27] John Lough, *Paris Theatre Audiences in the Seventeenth and Eighteenth Centuries* (London: Oxford Univ. Press, 1957), Chap. I, passim.
[28] Magendie, I, 106-10; Père François Garasse, *La Doctrine curieuse des beaux esprits de ce temps, ou prétendus tels* (Paris: Chappelet, 1624), passim.
[29] Magne, *Voiture*, I, 165.
[30] Voiture, *Œuvres*, I, 58.
[31] Magne, *Voiture*, I, 100.
[32] Adam, p. 454.

Si Marino vient à Paris, c'est qu'il est invité par Marie de Médicis et par Concini, non par Montmorency ou Gaston. Le succès d'*Adone* est d'estime seulement comme on peut le voir par le petit nombre d'éditions.[33]

Théophile est le maître de Mairet et de Tristan et, chez Théophile, la passion est une réalité, pas un jeu de mots. Dans *Pyrame et Thisbé*, le roi exprime ainsi sa jalousie:

> Faut il que nous ayons, fils des Dieux que nous sommes,
> Le sentiment semblable au vulgaire des hommes?
> Ingratte! si faut-il que je te mette, un jour,
> Dans le choix d'esprouver ma haine ou mon Amour
> Tu sçauras que je regne, et que la tyrannie
> Me peut bien accorder ce que l'Amour me nie.[34]

La *leggiadra* est perdue dans la fougue et même Voiture, le moins fougueux de tous, grâce à son séjour à l'hôtel de Rambouillet, badine, mais ne raffine pas. Que ce soit à l'hôtel de Rambouillet, chez Gaston, ou chez Conrart, la littérature montre un élan vers la grandeur, mais la fougue de cet élan manque de grâce et de goût. Madame de Rambouillet corrigera partiellement la grossièreté de cet élan, mais même dans son salon la gauloiserie n'est pas absente. Julie, la divine Julie, est née en 1607, un an avant Gaston et, comme nous l'avons déjà mentionné, a beaucoup en commun avec lui.

Si la cour de Gaston doit être liée à un mouvement — et nous sommes peu disposé à le faire — c'est au baroque. Ceci ne veut pas dire que les tendances qu'on a l'habitude d'associer au mot "baroque" ont supplanté d'autres tendances. Le dix-septième siècle comme tout autre siècle est marqué par de nombreux courants qui se côtoyent plus souvent qu'ils ne se croisent.

Le baroque se manifeste de deux manières: par le mouvement et le décor ou, comme l'a dit Jean Rousset, par la méta-

---

[33] Voir sur ce point important Charles William Cabeen, *Influence de Giambattista Marino sur la littérature française dans la première moitié du XVIIe siècle* (Paris: Hachette, 1904), pp. 16 et ss.

[34] (Strasbourg: Heitz, 1933). p. 66.

morphose et l'ostentation."[35] Si le baroque a une essence originale, essence qui le distingue du classicisme et même du préclassicisme, il le doit à l'amour du trompe-l'œil, du fantastique, du décor exagéré et du colossal. L'honnête homme, le parfait homme classique, est à l'aise dans toutes les matières, mais ne se pique de rien. Le gentilhomme baroque, au contraire, étale la splendeur sur son chemin; il éblouit ses contemporains. Le goût de la métamorphose est une caractéristique baroque qui, sans être dominante à la cour de Gaston, y est, du moins, assez répandue. *L'Inconstance d'Hylas*, *Le Ballet du monde renversé*, et beaucoup d'autres titres dont nous parlerons plus tard nous donnent une idée du monde irréel que l'on chante à la cour de Gaston.

Avant de nous engager dans une étude plus détaillée des divers genres littéraires en vogue à cette cour, traçons rapidement l'histoire de ce milieu entre 1626 et 1631, c'est à dire entre le mariage de Gaston et sa sortie du royaume.

Vers la mi-octobre, Gaston se brouille de nouveau avec Richelieu, cette fois sur la question du gouvernement du Havre et de Honfleur. Ornano avait été gouverneur de Honfleur et le cardinal voulait ce poste avec celui du Havre que le roi s'apprêtait à lui donner. Après plusieurs lettres au roi et à Gaston, Richelieu réussit à obtenir les deux places contre une certaine somme que le roi d'ailleurs lui rembourse.[36] Ce n'est pas que Louis ait de l'amour pour Richelieu. Au contraire. Mais le roi sait que Gaston et Marie de Médicis ne veulent la perte du ministre que pour le remplacer eux-mêmes. Si Louis doit être sous la domination de quelqu'un, du moins veut-il être dominé par un homme qui le respecte, qu'il respecte et qui travaillera pour le bien de la France.[37]

Pour apaiser Gaston, Louis le fait président de l'Assemblée

---

[35] *La Littérature de l'âge baroque en France* (Paris: Corti, 1953), p. 8.
[36] Richelieu, *Lettres*, II, 272, 275-76.
[37] Dreux du Radier, *Mémoires historiques, critiques, et anecdotes des reines et régentes de France* (Paris: Frères Mame, 1808), V, 256-57.

des Notables qui siège du 2 décembre 1626 au 24 février 1627. Ce poste important plaît à Gaston qui est adroit, mais peu assidu, gâchant ainsi les occasions de se faire valoir. "Monsieur leur président fait bien souvent l'école buissonnière; mais, sans flatter et sans mentir, on dit qu'il y fait des merveilles, et qu'il donne toute l'espérance qu'on peut avoir d'un grand prince," dit Malherbe dans une lettre à Peiresc du 19 décembre.[38]

Le 29 mai 1627 Madame met un enfant au monde. Au grand dépit de Gaston, ce n'est qu'une fille. Pour mettre son malheur au comble, Madame meurt cinq jours après. Gaston, ne l'ayant guère aimée, ne s'en désole pas trop longtemps.

Au mois d'août Gaston prend la tête de l'armée française qui défend l'ile de Ré, avec le titre de lieutenant général du roi. Le roi, empêché par l'état de sa santé de commander ses soldats, avait laissé ce soin à son frère. Gaston, qui ne demande pas mieux, se signale et va même jusqu'à l'imprudence, ce qui amène son frère à lui dire, dans une lettre du premier septembre: "Au nom de Dieu, ayés soin de vous; n'allés point en lieu où vostre charge ny vostre qualité ne vous appelent pas"[39] car le roi, qui a des raisons pour désirer la mort de son frère, ne la veut pas sur sa conscience.

Le 10 octobre, le roi rétabli, arrive à l'armée. Gaston se décide alors à la quitter. Richelieu et le roi à sa suite demandent à Gaston de n'en rien faire,[40] croyant que sa décision ne traduit que de l'ennui.[41] Mais la situation est plus délicate. Comment Gaston peut-il rester comme subalterne dans une armée qu'il vient de commander en chef? Aussi trouve-t-il préférable de s'éloigner, sauvant ainsi les apparences.

Entre la date de son retour et le mois de mai 1628, Gaston ne s'occupe que de lettres et d'amusements. Il ne se fait entendre qu'une fois, et c'est pour solliciter une faveur pour la maréchale d'Ornano,[42] montrant ainsi qu'il n'oubliait pas toujours ses amis.

---

[38] *Œuvres,* III, 574.
[39] Richelieu, *Lettres,* II, 581.
[40] Ibid., II, 663-64.
[41] Richelieu, *Mémoires,* VII, 177-78.
[42] Richelieu, *Lettres,* III, 28.

Au mois de mai, Gaston demande à son frère la permission d'aller commander une armée en Italie. Louis refuse, disant qu'il n'y a point d'armée digne de Gaston en Italie [43] ce qui, vu les faits, est une assez mince excuse. Le 3 juin, Louis oppose un second refus à la même demande, et dit à Gaston que, s'il veut faire la guerre, il la fasse à ses côtés.[44] Cette invitation est réitérée plusieurs fois avant la chute de La Rochelle,[45] mais Gaston ne se hâte pas d'obéir. Il n'arrive à La Rochelle que le 5 octobre, en repart pour Niort le 19, revient à La Rochelle le 25 et quitte l'armée le 29, la veille de l'entrée de l'armée dans la ville. Désœuvré, mécontent, Gaston rentre à Paris. Là, il assiste à de nombreux festins, surtout à ceux où il croit pouvoir rencontrer Marie de Mantoue, "voulant faire croire qu'il en étoit fort amoureux." [46] Le roi, jaloux, ne veut entendre aucun mot sur le sujet d'un mariage possible de Gaston, et la reine-mère, "se souvenant toujours de l'offense qu'elle prétendoit avoir reçue du duc de Mantoue lorsqu'il n'étoit que duc de Nevers," [47] contrecarre, tant qu'elle peut, cet attachement en avançant la candidature d'une parente, une des princesses de Florence. Pour mieux réussir, elle dit à Louis que cette princesse est stérile, ce qui plaît au roi qui se hâte d'appuyer la proposition.[48] Marguerite de Florence étant promise au duc de Parme qui refuse d'abandonner ses droits sur elle, il reste Anne, sa cadette. Cette dernière, pourtant, n'est pas un marché aussi mauvais que la reine-mère veut le faire croire à Louis. Luca Fabroni degl'Asini, l'homme de confiance de Marie, lui écrit:

...la principessa Anna, seconda genita, è molto grande e è ancora lei da marito, et ad ogni ora è capace di potere fare figlioli, ed io sono rimasto maravigliato quand'ho veduto questa seconda principessa sì grande, et sè bene proporzionata di corpo...[49]

---

[43] Ibid., p. 106.
[44] Ibid., pp. 118-19.
[45] Ibid., p. 122.
[46] *Mémoires de Gaston*, p. 577.
[47] Ibid.
[48] Ibid.
[49] Richelieu, *Lettres*, III, 127.

d'où l'on voit bien que Marie ne sacrifiait pas l'avenir de sa race aux vœux de son fils aîné. Mais Gaston ne veut rien entendre et il refuse d'épouser la princesse, tout en promettant à son frère de ne pas épouser non plus Marie de Gonzague, princesse de Mantoue. Cette promesse, avouons-le, ne vaut pas grand'chose car, le 25 mars 1629, le roi envoie des ambassadeurs au duc de Mantoue pour se plaindre de ce que Gaston est en relations secrètes avec Marie pour traiter du mariage qu'il n'a cessé d'envisager.[50] Cette liaison, pourtant, n'est que stratagème: Gaston feint d'aimer Marie de Gonzague pour que la reine-mère puisse s'opposer à ce plan, laissant ainsi croire à Louis que sa mère le préfère à Gaston.[51]

Gaston, feignant le mécontentement, demande le gouvernement d'une frontière, de préférence la Champagne ou la Bourgogne[52] ce que Louis, sur le conseil de Richelieu, lui refuse.[53] Mécontent pour de bon, Gaston accepte une invitation du duc de Lorraine, arrive à Nancy au début de septembre, et y fait la cour à la sœur du duc, Marguerite, au grand effroi du roi qui lui promet, comme augmentation d'apanage, le duché de Valois et le gouvernement d'Amboise.[54] Gaston accepte et revient en France en février 1630. Il marchande avec son frère et reçoit le domaine de Valois, le gouvernement d'Orléans, de Blois, de Vendôme et de Chartres,[55] et le commandement de l'armée de Champagne.[56]

Gaston est assez satisfait, mais sa mère ne l'est pas et elle continue la cabale qui aboutit, le 11 novembre, à la défaite complète des ennemis du cardinal. Cette "journée des dupes" dissipe, une fois pour toutes, l'espoir de la reine-mère de perdre Richelieu. Au début de décembre, Gaston et le roi signent un pacte par lequel Gaston promet d'obéir au roi et de l'aimer et qu'il "aymera et affectionnera sincèrement le dict sieur car-

---

[50] Ibid., pp. 265-66.
[51] *Mémoires de Gaston*, p. 578.
[52] Richelieu, *Lettres*, III, 335.
[53] Ibid., pp. 338, 379.
[54] *Mémoires de Gaston*, p. 579.
[55] Richelieu, *Lettres*, III, 488.
[56] Ibid., pp. 532-33.

dinal."[57] En même temps le roi se charge de rémunérer les familiers de Gaston. Il promet la charge de président au parlement de Paris à Le Coigneux qu'il nomme au cardinalat tandis que Puylaurens reçoit 150.000 livres et la promesse "qu'au cas qu'il épouse une duchesse, il fera revivre en sa personne le duché, ou que, s'il achepte une terre qui soit duché, il la fera recevoir en cette qualité."[58] Le cardinalat se faisant attendre, et Louis ne voulant pas éveiller les jalousies ni faire de jaloux, il retarde l'accession de Puylaurens au duché.[59] Le Coigneux et Puylaurens se sentant trahis, excitent leur maître contre Richelieu. Ce dernier se dérobant aux demandes de Gaston, le frère du roi s'aigrit, quitte la cour le 30 janvier 1630, et va à Orléans au grand dépit du roi et au grand contentement de la reine-mère qui "fait semblant de n'avoir point de part à cette escapade."[60] Le roi essaie de lui persuader de parler à Gaston et de l'adoucir, mais elle fait la sourde oreille et le roi, aigri, ordonne à la reine-mère de s'exiler à Moulin et à Gaston de rentrer à Paris.[61] Il refuse. Le 9 mars, Louis, voyant cette levée de boucliers, se prépare au pire et le 11, il part lui-même se mettre à la tête de l'armée qu'il mène sur les traces de Gaston qui est parti pour la Bourgogne. Arrivé à Dijon, le roi accuse de lèse-majesté tous ceux qui ont trempé dans la révolte de Gaston, parmi lesquels se trouvent les ducs de Bellegarde, de Roannais, d'Elbeuf, ainsi que Puylaurens, Le Coigneux et le frère naturel du roi, Moret. Gaston emmène alors sa cour à Nancy d'où, le 30 mai, il écrit un manifeste virulent dans lequel il accuse Richelieu de toutes sortes de crimes, y compris l'empoisonnement de Bérulle.[62] Dans ce manifeste, Gaston dépeint

---

[57] Ibid., IV, 37-38.
[58] Ibid.
[59] Fontenoy-Mareuil, p. 231.
[60] Lettre de La Barde à Chavigny du 4 février, citée dans Richelieu, *Lettres*, IV, 97.
[61] Richelieu, *Lettres*, IV, 100.
[62] *Mercure français*, XVII, 202-259. Le cardinal Pierre de Bérulle (1575-1629) introduisit l'ordre du Carmel en France en 1604, favorisa l'établissement des Ursulines et fonda l'Oratoire en 1611. Parmi ses disciples on trouve Saint Vincent-de-Paul et Sant Jean-Eudes. Il se heurta à Richelieu souvent, surtout en essayant de réconcilier Gaston et sa mère.

à merveille la misère du peuple français qu'il attribue à l'ambition du cardinal.

C'est dans une telle cour, au milieu de tels troubles, qu'une certaine littérature fleurit. Pleine d'instabilité, la vie politique et sociale de ce milieu sera réfléchie dans l'œuvre de ses écrivains.

En littérature, trois genres règnent en maître à la cour de Gaston: le théâtre, la poésie et le ballet.

Parmi les dramaturges, signalons Mareschal et Grandchamp.

Attaché de bonne heure à la maison de Lorraine, André Mareschal n'est probablement venu à Paris qu'en 1624. En effet, dans *Les Feux de joie* [63] il ne cache guère qu'il n'est qu'un provincial ébahi devant les merveilles de la capitale. Grâce à ces poèmes et surtout à cause de la protection des Chevreuse, il est présenté à Moret, le demi-frère de Gaston. Moret qui vient de commander l'impression d'un recueil de vers [64] l'introduit chez Gaston, probablement en 1626. A cette époque Mareschal travaille à son roman *Chrysolite* qu'il publie en 1627. C'est alors qu'il commence ses écrits dramatiques.

Le 2 juillet 1630, Mareschal vend sa première pièce à Rocolet, son éditeur.[65] C'est *La Généreuse Allemande,* tragi-comédie en deux journées "avec préface retentissante où il s'attaque aux doctes, trouvant à redire aux dramaturges comme il s'en est pris aux poètes et aux romanciers qui ne pensent pas comme lui." [66] Esprit indépendant, Mareschal veut, avant tout, être original. Son œuvre doit être la sienne. S'il s'en prend aux "doctes," c'est au nom de la vraisemblance car il ne la voit triompher que si l'auteur est empêtré le moins possible par des

---

[63] *Les Feux de ioye de la France sur l'hevrevse alliance d'Angleterre et la descente des dieux en France. Pour honorer la feste de cette alliance* (Paris: Martin, 1625).

[64] *Recueil des plus beaux vers de messieurs de Malherbe, Racan, Monfvran, Maynard, Bois Robert, l'Estoille, Lingendes, Tovvant Motin, Mareschal et les autres des plus fameux esprits de la cour* (Paris: Toussaint du Bray, 1627).

[65] George Monval, "André Mareschal (document inédit)", *Le Moliériste*, IX (1888), 208.

[66] Lionel Charles Durel, *L'Œuvre d'André Mareschal* (Baltimore: Johns Hopkins Press, 1932), p. 15.

règles qui selon lui, faussent la nature. La pièce, dédiée à Puylaurens, est pleine d'actualités, y compris la prise de l'Ile de Ré en 1627.[67] Son sujet, pour plaire à ses contemporains, est un événement récent, étant "l'histoire véritable de Louys de Chastellet qui épouse une Allemande."[68]

Deux questions se posent à la lecture de *La Généreuse Allemande*: celle des unités et celle de la religion.

Les unités ne sont pas observées. Les deux premiers actes se déroulent à Prague, le reste à Aule. En tout, il y a quatorze lieux différents, dont onze à Aule. L'unité de temps est également mal observée: "Entre les deuxième et troisième actes de la première journée, Aristandre au le temps de quitter Prague, d'arriver à Aule et de se faire aimer par deux femmes."[69] De tels intervalles se trouvent entre presque tous les actes, et même entre les scènes d'un même acte: entre la première et la troisième scènes du cinquième acte de la première journée ce même Aristandre entre dans Aule, va à un bal, y prend un rendez-vous, et y fait la cour à une femme pour en sauver une autre. L'unité d'action n'est pas observée au sens strict du mot, mais il y a un fil continu de développement psychologique qui noue les fils multiples de l'intrigue.

Cette question est d'autant plus intéressante que l'on remarque que Mareschal, après avoir quitté la cour de Gaston, penche de plus en plus vers l'observation des unités. On pourrait donc croire que le milieu a découragé l'acceptation des unités, mais il faut admettre qu'elles ne sont vraiment observées en France qu'après 1635. Notons aussi que les éléments romanesques et les ressorts psychologiques des pièces de Mareschal disparaissent petit à petit après son départ de la cour de Gaston. Il sera plus facile de juger dans quelle mesure le milieu a influencé Mareschal après l'examen de quelques autres pièces écrites par des intimes de Gaston.

La deuxième question, celle de la religion, s'était déjà présentée dans le roman de Mareschal dont nous parlerons plus

---

[67] Ibid., p. 49.
[68] Ibid., p. 52.
[69] Ibid., p. 56.

tard. Elle se présente de nouveau dans cette pièce, dès le quatrième acte de la première journée. Dans la première scène, Aristandre n'est plus sûr de l'existence des Dieux.

Dans la scène suivante, Camille, se faisant l'interprète de l'auteur, dit que la vie "est un ieu de hasard." Dans le cinquième acte, Aristandre jette ce cri:

> Astres cent fois maudits! toy Ciel! ie te deteste
> Crier contre le Ciel, c'est frapper une roche. [70]

C'est un écho de Ronsard, auquel répondront les poètes romantiques au dix-neuvième siècle. Roseline "craint plus la grâce des Cieux que leurs coups" [71] et Corylcon finit par s'écrier

> O Dieux, iniustes Dieux! Après un tel ovtrage
> Qui vous adoreroit n'auroit point de courage. [72]

Il n'y a qu'un personnage, Roseline, qui sache combattre ce pessimisme: elle trouve la consolation au fond d'elle-même.

La deuxième pièce de Mareschal qui nous intéresse est *L'Inconstance d'Hylas,* comédie pastorale écrite vers 1629 mais qui ne sera imprimée qu'en 1635. Cette pièce est admirée immédiatement et sera encore jouée en 1662.[73]

Hylas n'est pas une création originale de Mareschal. Mais c'est à Mareschal que nous devons la découverte des qualités dramatiques de ce flirteur. De personnage secondaire, Hylas devient le centre du drame. Plutôt que l'action elle-même, c'est un personnage qui est le centre de l'intérêt. Comme l'a remarqué Lancaster, "Those who believe that the French comedy of character came from the Spanish will do well to study Mareschal's play." [74] Hylas est un Don Juan, mais sans la stature que lui donnera Molière. Hylas et Périandre s'étant juré une

---

[70] Première journée, Acte V, sc. i, cité dans Durel, p. 60.
[71] Durel, p. 60.
[72] Deuxième journée, cité dans Durel, p. 60.
[73] Henry Carrington Lancaster, *A History of French Dramatic Literature in the Seventeenth Century* (Paris: PUF, 1929), I, 431.
[74] Ibid., p. 432.

amitié éternelle, Périandre appelle la foudre sur la tête de celui qui manquera au vœu. Hylas, du coup, recule:

> A tous nos ennemis enuoyons cette foudre,
> Qu'elle me touche, ou vous? ie ne m'y puis resoudre.[75]

Il reste volage et son union à Stelle à la fin de la pièce est une union paradoxale car Stelle est le symbole de l'inconstance.

La seule unité du drame est de caractère. La pièce est impossible à comprendre sans la lecture antérieure de *L'Astrée* dont Mareschal a tiré les personnages d'Hylas et de Stelle pour les développer. Mareschal a copié, il a adapté, mais il faut lui savoir gré d'une chose: il a remanié tout ce qu'il a emprunté de façon à montrer avec plus de relief son étude de l'inconstant.

Durel[76] a voulu voir dans cette pièce une satire de la préciosité. C'est peut-être trop dire. Tout au plus Mareschal nous donne-t-il l'apologie de la cour de Gaston: *Carpe diem* et au diable les pleurs et la fidélité.

En 1633, un an après avoir quitté Gaston, Mareschal écrit *La Sœur valeureuse*. On peut y voir que l'auteur n'a pas oublié ses leçons de libertinage:

> Dieux imprimez en nous l'espoir de vos miracles,
> Vous êtes aussi faux que le sont vos oracles.
> De peur on vous adore, et non de volonté:
> Vous n'avez de souci, non plus que de bonté.
> Vos faveurs sont du vent, vos promesses un songe;
> Nous achetons nos maux, vous vendez le mensonge.
> Les douleurs de la mort sont fruits de votre amour:
> Et vous nous punissez en nous donnant le jour.[77]

En 1630, Grandchamp de Montargis dédie *Les Aventures amoureuses d'Omphale* à Gaston. Cette pièce n'a, en toute probabilité, jamais été jouée. L'auteur, dans sa préface, annonce que tout étant dit, les meilleurs écrivains sont ceux qui imitent

---

[75] Cité dans Lancaster, I, 433.
[76] Op. Cit., p. 85.
[77] Cité dans Claude et François Parfaict, *Histoire du théâtre françois* (Paris: Le Mercuier, 1734-49), V, 6.

les anciens sans que l'on s'en doute. Il a bien réussi, de ce point de vue, car "his play resembles far more the *Astrée* than it does any Latin or Greek work." [78]

L'action romanesque, le druide, la femme déguisée en berger, le duel entre une femme et l'homme qu'elle aime, tout respire l'atmosphère des romans de la première moitié du dix-septième siècle. Il n'y a qu'une différence: c'est le manque complet de retenue chez l'héroïne qui ne semble avoir aucun souci pour sa vertu.

Dans *l'Inconstance d'Hylas,* Mareschal avait de même écrit l'apologie de l'amour libre. Autre ressemblance entre l'œuvre de Mareschal et celle de Montargis: les unités sont jetées au vent et les actions secondaires n'ont aucune influence sur l'action principale.

Il semble que Gaston connaisse et protège Gaultier-Garguille vers 1626, mais il est très douteux que ce soit à cause de son intérêt pour le théâtre car, vers 1626, le célèbre comédien a presque complètement abandonné la scène et se divertit en famille ou avec sa collection de monnaies anciennes. "Nous le voyons, en effet, sur la fin de sa vie, préoccupé de numismatique, collectionnant des monnaies anciennes et rares que Gaston d'Orléans, également numismate, lui achète pour en embellir son cabinet." [79]

Parmi les membres de la maison de Gaston il y a, en 1627, trois hommes qui peuvent nous intéresser: François Passart, conseiller du roi et aumônier ordinaire de Gaston;[80] Robert Passart, seigneur d'Arcy, lui aussi conseiller du roi et "contrerolleur" général des finances de Gaston;[81] François Le Comte, Seigneur de Fontaines Durescu, gentilhomme ordinaire de Gaston.

Entre 1630 et 1634 plusieurs tragi-comédies pastorales voient le jour, toutes perdues à présent, toutes écrites par "Mr. Pas-

---

[78] Lancaster, I, 331.
[79] Bibliothèque de l'Arsenal, ms. 4208, cité par Emile Magne, *Gaultier-Garguille* (Paris: Louis-Michaud, [1911]), p. 60.
[80] Eugène Griselle, *Maisons de la Grande Mademoiselle et de Gaston d'Orléans, son père* (Paris: Edition de documents d'histoire, 1912), p. 2.
[81] Ibid., p. 12.

sar".[82] En 1630, paraît *Cléonice ou l'amour téméraire*.[83] En 1634, il y a au moins quatre pièces par cet auteur:[84] *Cléonice, Célénie, Florice,* et *l'Heureuse Inconstance*. Fournier[85] note que l'exemplaire de *Cléonice* de la bibliothèque Soleinne avait, en écriture du temps, la mention "par M. Passart." Si, comme Fournier nous le dit, "Passart tenoit beaucoup à n'être pas connu,"[86] ne se peut-il pas que ce Passart soit d'un milieu qui se considère supérieur aux tréteaux et qui ne veut pas voir son nom associé à ceux des comédiens?

Or les seuls Passart que nous ayons trouvés mentionnés dans les documents du dix-septième siècle sont ceux qui sont attachés à la cour de Gaston et ceux de la famille de Flavie Passart, "Judas de Port-Royal." Le seul membre de cette famille qui semble s'être intéressé aux lettres est un nommé Robert Passart qui fit partie de l'Académie de Nicolas Bourbon.[87]

Nicolas Bourbon a fait partie de l'Académie de Gaston[88] et il y a, sans aucun doute, rencontré Robert Passart, le contrôleur de Gaston. Ces deux Robert ne seraient-ils pas la même personne? Tout semble l'indiquer. Il n'y aurait donc à choisir, pour l'auteur des pastorales, qu'entre un aumônier dont nous n'avons aucun vestige littéraire et un financier membre de deux académies. Le choix est assez facile et nous optons pour Robert, le contrôleur.

Ces pièces perdues étaient probablement typiques des pastorales, à en juger par la liste des accessoires:

un tapy pour une femme qui demeure en pamoison... une montagne ou monte une femme... un lieu ou se puisse reposer un berger à couvert...

---

[82] Laurent Mahelot, *Le Mémoire de Mahelot, Laurent et d'autres décorateurs de l'Hôtel de Bourgogne et de la Comédie Française au XVIIe siècle*, p.p. Henry Carrington Lancaster (Paris: Champion, 1920), pp. 96, 103-5.

[83] (Paris: Rousset et Martin).

[84] *L'Ouverture des jours gras, ou entretien du Carnaval*, p.p. Edouard Fournier, *Variétés historiques et littéraires* (Paris: Jannet, 1855), II, 345-55; John Lough, "L'Ouverture des jours gras", *French Studies*, XI (1957), 260-64.

[85] *Variétés*, II, 351.

[86] Ibid.

[87] Jean Orcibal, *Port Royal entre le miracle et l'obéissance* ([Paris]: De Brouwer, 1957), p. 14.

[88] Pellisson et d'Olivet, II, 81.

un poignard, une lettre, un carcan, une ceinture de soye, des dards, des houlettes et un autre poignard encore [89]

pour *L'Heureuse Inconstance*; "un bassinet d'argent, un cœur, un poignard" entre autres pour *La Florice*;[90] pour *Célénie* "une grande grotte... une mer et une ile ou se couche un acteur sur le sable... un antre d'ou sort un mage... du sang et de la pate pour la feinte...;"[91] et, pour *Cléonice*,

un arbre pour lier un acteur... un gason ou se couche une bergere... un grand arbre ou monte un acteur... une montagne, ou monte une actrise... une corde, une lettre, un poignard; une ceinture, un bracelet, un chappeau de fleurs; des dards et des houlettes.[92]

Mademoiselle de Bellerose a probablement joué dans *La Florice*.[93]

La dernière personne qui nous intéresse ici est François Le Comte. En 1632 et de nouveau en 1633 Besogne publie *La Dorimène* de Le Comte. Il se peut que cette pièce médiocre soit du gentilhomme ordinaire de Gaston, mais nous n'avons pu trouver aucune preuve pour ou contre cette affirmation.

Tandis que le théâtre n'est représenté que par deux ou trois figures principales à la cour de Gaston, tout le monde veut y faire de la poésie.

Jetons d'abord un regard sur les amateurs, c'est-à-dire sur les nobles qui écrivent par désœuvrement plutôt que par vocation.

Ce n'est pas tous les jours qu'un amateur se met à écrire une pièce de théâtre ou un roman, mais un petit poème ne coûte guère de temps ou d'énergie et, dans un milieu où la gauloiserie règne en maître presque absolu, il arrive souvent à un convive d'exprimer sa joie de vivre ou sa malice par un couplet facile.

---

[89] Mahelot, pp. 96-97.
[90] Ibid., p. 102.
[91] Ibid. p. 104.
[92] Ibid., p. 105.
[93] Ibid., p. 102.

Gaston lui-même consent à écrire un quatrain à l'éloge de son poète hétéroclite, Neufgermain:

> Bienque ie sois un Poète Neuf,
> Qui ne rima oncques en Ger,
> Ie veux parler iusqu'à demain,
> Des vertus du grand NEVFGERMAIN [94]

et Claude du Bueil, frère de Jacqueline de Moret, la maîtresse d'Henri IV, écrit, lui aussi, un poème liminaire pour Neufgermain et le Marquis de Rambouillet en fait autant. Nous parlerons plus loin des poèmes de Neufgermain, mais il convient de s'arrêter un peu sur les nobles qui ont écrit des poèmes liminaires pour le poète de Monsieur car, après tout, ces poèmes sont l'expression de l'âme de ce milieu. En matière de belles-lettres, toutes ces fadaises ne valent pas un bon sonnet, mais pour juger tout un milieu, elles sont d'une importance capitale.

François-Christophe de Levis, comte de Brion et premier écuyer de Gaston, chante Neufgermain et son maître dans ces vers:

> Page, va t'en chez Appollon,
> Qu'il me preste son violon,
> Et pour qu'il te le baille vite,
> Dy luy, et en leue la main,
> Que c'est pour chanter le merite
> Du trois fois grand DE NEVFGERMAIN,
> Et qu'en reuange ie le prie,
> De disposer de l'escurie. [95]

Le sens caché est le plus intéressant ici et fait sourire: Apollon dans ce recueil est associé avec Gaston qui vient de chanter les louanges de Neufgermain. En effet, Brion, peu satisfait de sa charge, échange bientôt son écurie, non pour un violon, mais pour un lit qu'il partage avec Louison, la maîtresse de Gaston.

Puylaurens trouve Neufgermain "bien plus savant que Go-

---

[94] Louis de Neufgermain, *Les Poésies et rencontres* (Paris: Jacquin, 1630), p. i. La pagination de cet exemplaire est fautive.
[95] Ibid., la page n'est pas numérotée.

main," [96] l'auteur de *L'Histoire ioyeuse contenant les passions et angoisses d'un Martyr amoureux d'une dame* [97] un versificateur oublié aussi vite que Neufgermain, et lui souhaite une mort plus gracieuse que ne fut celle de la demoiselle de Saint-Main, qui mourut galeuse. [98]

Villennes, lui, va plus loin, et entre dans la future querelle des anciens et des modernes:

> Dautant que par un stille neuf,
> Tu composes sans te ranger
> Au Grec, ny suiure le Romain,
> L'on t'admire de NEVFGERMAIN
>
> Abandonnons donc au Pont-Neuf,
> Les vers des anciens, sans songer,
> Ils ne valent pas de ta main,
> La moindre piece, ô NEVFGERMAIN. [99]

Ne mesurons pas la valeur de l'homme par ces vers. Tous ceux qui daignent écrire un poème liminaire pour Neufgermain le font dans le style "inventé" par cet homme que Gaston et le marquis de Rambouillet se partagent pour s'en amuser.

Villennes, Brion, Chaudebonne et bien d'autres nobles de la cour de Gaston ne nous ont laissé que de tels poèmes. [100]

Chaudebonne a pourtant rendu de grands services à la littérature française, mais en tant que père spirituel. Membre assidu du salon de Mme de Rambouillet, comme le sont beaucoup des fidèles de Gaston, il y introduit Voiture qu'il protège et à qui il procure le poste d'introducteur des ambassadeurs chez Gaston. Quand Tristan l'Hermite est disgracié, c'est à Chaudebonne qu'il s'adresse pour que ce dernier plaide sa cause. [101]

---

[96] Ibid., pp. i-ii.
[97] (Lyon: Saugrain, 1557).
[98] Neufgermain, pp. i-ii.
[99] Ibid., p. 26.
[100] Frédéric Lachèvre, *Bibliographie des recueils collectifs de poésies publiés de 1597 à 1700* (Paris: Leclerc, 1901-1905), IV, 88, signale un autre poème de Chaudebonne, une consolation, qui ne vaut guère mieux à en juger par les premiers vers.
[101] "Ode à M. de Chaudebonne", *La Lyre* (Paris: Courbé, 1641), pp. 67 et ss.

La liste des amateurs de poésie est aussi longue que celle des membres de la maison de Gaston. A côté de l'académie sérieuse, "il y avoit une autre assemblée à certains jours où il se traitoit de choses plus libres, et pour cela on l'appelait Conseil de Vauriennerie." [102] Ce conseil, dont Moret est grand-prieur, La Rivière grand-monacal et Patris l'un des vicaires, règne sur un pays fictif comparable au royaume de Narsingue ou au pays de Braquerie. Admettons que ce conseil pratique le dévergondage de l'esprit, il y a loin de là à la débauche. C'est probablement dans les réunions de cette assemblée que des amateurs tels que Besançon, Maulevrier, Martel, Grignan, Patris et La Rivière ont débité leurs sornettes.

Charles de Bazoches de Besançon, dont l'œuvre n'a pas encore été complètement démêlée d'avec celle de Charles de Beauxoncles, s'est attaché à Gaston vers 1626. Déjà fameux, grâce à *La Satyre du temps à Théophile,* publiée en 1622, et digne disciple de Théophile, il se mêle à tous les complots de Gaston et de Marie. Mais il se mêle surtout aux débauches de Gaston qu'il honore ainsi:

> Gaston, vous savez mieux que nous
> Tous les secrets de la taverne.[103]

Charles, comme Gaston, est hardi, insoumis et emporté. Il dit ses vérités à n'importe qui et brave même Richelieu. Sa témérité sur le champ de bataille sait faire place à la soumission en matière de politique. C'est Charles qui, en 1631, enlève la reine-mère et l'emmène en Flandre au nez du cardinal et d'Estrées qui la gardait. Mais, en 1634, voyant que Gaston n'aboutit à rien, il fait sa paix avec le roi au service duquel il reste jusqu'à sa mort.

Il a déjà été question des pièces de Mareschal. Parlons à présent de sa production poétique.

On a vu qu'il avait, avant son entrée chez Gaston, publié

---

[102] *Mémoires de Gaston,* p. 571.
[103] Tallemant, historiette LXXX.

de ses poèmes. En 1630, *Les Autres Œuvres poétiques du Sr Mareschal* voient le jour.

La préciosité qu'on trouvait dans les premiers recueils est amoindrie mais toujours présente. La forme des poèmes est variée, mais le sujet ne l'est pas. Mareschal mendie aux pieds des grands une faveur qu'il espère recevoir, ou bien il pleure aux pieds d'une cruelle. Quoique, dans son avant-propos, il ait dit que sa paresse ne lui permet pas de travailler ses vers et qu'il ne veut pas faire "d'Appollon un Dieu de sueur" [104] il nous donne parfois des vers qui, par la régularité de leur versification, ont dû lui arracher quelques gouttes de sueur.

Son *Réveille-Matin d'Alidor*, par exemple, montre que Mareschal travaille aussi dur que Malherbe l'exige. Mais cette pièce trahit une autre influence, étrangère à la cour de Gaston, celle de Marino:

> Que ce iour est plaisant et beau
> Le soleil au sortir de l'eau
> Sembloit rire à la terre en salüant le Monde:
> Ie pense qu'il auoit laissé
> Quelque Nymphe au dessous de l'onde
> Qui l'auoit dans son lict cette nuict caressé.[105]

Dans ses poèmes d'amour malheureux, la simplicité et la préciosité rivalisent et la première prend assez souvent le dessus:

> Mon nom n'est plus dedans sa bouche
> Mon amour a quitté son cœur
> . . . .
> Ces accents si doux autrefois
> Et de mon cœur et de ma voix
> N'ont plus de pouvoir auprès d'elle.[106]

Ce qui attire l'intérêt, c'est que Mareschal sait donner une note personnelle à des banalités, à des lieux communs. Voilà en quoi réside son talent, tout petit qu'il soit.

---

[104] Durel, p. 21.
[105] Ibid., p. 22.
[106] Ibid., p. 23.

Pierre de Boissat, dont nous avons déjà parlé, entre chez Gaston en 1627.[107] Cette même année on le voit à l'Ile de Ré et l'année suivante au siège de La Rochelle. Quand, en 1631, Gaston part pour la Lorraine, c'est Boissat qui, dans *Lotharingiae captae,* la relation de la campagne lorraine, le défend. Cette attitude courageuse lui vaut la charge de gentilhomme ordinaire.[108]

Quoique sa renommée soit basée sur ses écrits latins, Boissat a aussi composé quelques poésies en français mais elles seront vite oubliées.

Avant de passer aux deux lumières de ce milieu, à Voiture et à Tristan, il faut jeter un coup d'œil sur le Triboulet de Gaston, Louis de Neufgermain, la tête de Turc du conseil de Vauriennerie. Né en 1574, Neufgermain est, en tout ce qu'il entreprend, un original. Veuf pour la deuxième fois, il jette les yeux sur une jeune voisine et, le 4 janvier 1634 — il a presque soixante ans — un acte des plus curieux quant à l'histoire du "trial mariage" est rédigé entre lui et Marie Maillart, âgée de vingt-cinq ans. En voici un extrait:

> ...ensuite des bans, les dictes parties se sont quittées soubs seing priué et ont consenty, tant d'une part que de l'autre, la cassation du contrat de mariage faict entre eux, que la dissolution des fiençailles susd. estre à la première requeste de l'une des parties, dont mémoire signé desd. parties nous a esté laissé pour y auoir recours où besoin seroit.[109]

En 1636, il épouse Anne Gilbert et un fils, né en 1637, est tenu sur les fonts baptismaux par Julie d'Angennes.

En matière de tenue, il n'est guère plus raisonnable. Fier comme un coq, il veut se battre sur la moindre provocation, et Chaudebonne

> ...iure solemnellement,
> Qu'homme iamais si dignement,
> Ne porta glaiue ou escritoire [110]

---

[107] C. Latreille, "Pierre de Boissat et le mouvement littéraire en Dauphiné au XVIIe siècle," *Bulletin de l'Académie Delphinale,* Série IV, XIII (1899), p. 361.
[108] Ibid., p. 363.
[109] Auguste Jal, *Dictionnaire critique de biographie et d'histoire* (Paris: s.l., 1872), p. 910.
[110] Neufgermain, p. iii.

ce qui, à en juger par les fruits de cette écritoire, ne dit pas grand'chose.

La mode est de se raser, mais il porte la barbe ce qui lui vaut plusieurs démêlés [111] et plus encore de moqueries, par exemple de la part de Saint-Amant:

> Courage! il faut que j'imite
> Neuf-Germain par le menton,
> Laissant croistre ce coton
> Comme feroit un hermite [112]

ou de Patris:

> Aussi est-il bien plus barbu qu'un œuf [113]

et même de Tristan qui affirme que Neufgermain passe pour un étranger à cause de sa barbe.[114]

On s'est beaucoup moqué de Neufgermain comme de son maître. Magne croit que "le piteux Neufgermain" va publier son livre parce que Richelieu "a daigné écrire, pour sa gloire, une épigramme... [qui] brillera en tête du volume que l'éditeur, Jacques Jacquin, s'apprête à imprimer." [115] Ceci donne à croire que Magne n'a jamais vu ces œuvres en entier car, dans l'édition de 1630, il n'y a aucune mention du cardinal. Le nom de ce dernier est maudit chez Gaston. L'édition de 1630, imprimée sur l'ordre de Gaston, est écrite par et pour le milieu du prince et du marquis de Rambouillet. L'exemplaire de dédicace à Gaston — exemplaire qui contient même une gravure représentant le prince et dans lequel on a collé l'acte de mariage de Neufgermain à Anne Gilbert — est le miroir d'un milieu grivois. La dédicace ne montre pas que Gaston ait été amené par Rambouillet à accepter le poète après la mise au jour de l'épigramme de Richelieu: "Ayant pleu à vostre Grandeur m'honorer du tiltre et qualité de vostre Poëte Heteroclite, pour

---

[111] Jean Chapelain, *Lettres* (Paris: Imprimerie Nationale, 1880-83), I, 340; Tallemant, historiette CXX.
[112] *Œuvres complètes* (Paris: Jannet, 1855), I, 468-69.
[113] Neufgermain, p. 14.
[114] Ibid., p. 20.
[115] Magne, *Voiture*, I, 165.

mettre deuant vous, mes Poësies extraordinaires et irregulieres conceptions..." [116]

La fameuse pièce de Richelieu ne paraît que dans l'édition de 1637 qui est remplie de poèmes louant Richelieu et ses créatures et qui montre, au premier coup d'œil, la séparation qui a eu lieu entre Gaston et son poète. Cette édition, et cela est à noter, ne porte aucune indication de libraire.

Neufgermain nous a dispensé de faire un jugement sur ses œuvres. Il l'a fait lui-même:

> Ou par folie, ou par sagesse
> Pour sage, ou fol sont faits mes vers,
> Car ie ne sçay point d'autre adresse,
> Si ie courois tout l'Univers.
>
> L'homme de bien point ie ne blesse,
> Ny ne censure le peruers,
> Ny les faits d'autruy ne redresse,
> Qu'il aille droit ou de trauers.
>
> I'agrée par ma rime hagarde,
> Que meint-un par plaisir regarde
> Quand c'est autre me va mordant,
>
> Sans voir en moy, qu'un Democrite,
> Rit du censeur ou qu'Heraclite
> Deplore le pauvre Pedant.[117]

Au seizième siècle, chaque cour avait un fou. Neufgermain satisfait ce besoin dans celle de Gaston. Ses poèmes sont tous dédiés à des personnages influents. Il agit en fou, en déréglé, mais ce n'est que pour se garnir la poche. Parfait courtisan, il agit de la manière que l'on attend de lui. Ne pouvant briller par le génie, il se fait remarquer par l'originalité.

Tous ses poèmes sont des louanges. Que ce soit une pointe précieuse envoyée à Julie

> Qu'elle [sic] admiration de voir que les mortels
> Engourdis, esblouis sans force et sans adresse,
> Guerissent aux rayons du Soleil qui les blesse [118]

---

[116] Neufgermain, p. 3.
[117] Ibid., p. 35.
[118] Ibid., p. 32.

des étrennes à Madame de Rambouillet

> Admirable en prudence, unique et sans pareille
> Inimmitable en faits, du monde la merveille [119]

un sixain au Marquis de Rambouillet, ou un quatrain à Gaston

> Par l'Vnivers en tout Canton,
> Ce que l'on voit Phœbus reluire
> C'est qu'il prend ses feux de Gaston,
> Second Soleil de nostre Empire [120]

Boissat a touché juste quand il a dit de Neufgermain:

> Il feroit mille vers sur le jaulne d'un œuf,
> Plus vite qu'un leuraut, plus prompt qu'un Messager.[121]

Neufgermain écrit trop et trop vite, mais il garde une juste idée de sa valeur, permettant aux autres courtisans de vider leurs carquois de traits ironiques. Il se laisse berner, il permet la satire goguenarde, mais ce n'est pas par folie. Boileau l'envoie chez l'épicier avec La Serre [122] et c'est avec raison, mais Boileau juge l'œuvre elle-même sans juger l'homme et le milieu. On ne compare pas Triboulet à Ronsard; pourquoi comparer Neufgermain à Tristan?

Voiture et Tristan ne sont pas des poètes oubliés et nous ne répéterons pas le contenu de toutes les histoires littéraires. Nous discuterons ces auteurs et leurs œuvres seulement en tant qu'ils appartiennent à l'histoire littéraire de la cour de Gaston.

Lors de son entrée chez Gaston, en 1627, Voiture a déjà conquis l'Hôtel de Rambouillet en donnant une forme littéraire à l'élégance et à la galanterie. Voiture avoue qu'il a reçu

---

[119] Ibid., p. 31.
[120] Ce quatrain n'existe que dans l'exemplaire de dédicace où il est placé sous un portrait de Gaston. Selon ce quatrain, Gaston ne serait subalterne qu'au premier soleil: est-ce Louis ou l'astre?
[121] Neufgermain, p. 16.
[122] *Œuvres complètes* (Paris: Société des Belles Lettres, 1934), I, 68.

de l'Hôtel de Rambouillet les leçons d'un art qu'il perfectionne.[123] Il reste toujours prêt à apprendre et les recueils de poésies libres lui apprennent à mêler les jeux de l'esprit à l'expression de la plus raffinée des sensualités.[124] Aussi ne soyons pas surpris que, lors de son entrée chez Gaston, il pousse cette étude encore plus loin pour mêler l'esprit à la gauloiserie. Répondant à la "Plainte des consonnes qui n'ont pas l'honneur d'entrer au nom de Neufgermain" de Patris, il met les consonnes méprisées dans un ordre qui montre un souci autre qu'alphabétique:

> B, C, S, armez L,
> Et P, T, joincts à leur querelle,
> Esperans si [sic] mettre en credit,
> Dans ce beau nom veulent paroistre,
> Et n'est pas mesme à ce qu'on dit,
> Iusques au Q, qui n'y vueille estre.[125]

Voiture pourtant ne se plaît pas autant chez Gaston, où il n'est qu'un introducteur d'ambassadeurs, qu'à l'Hôtel de Rambouillet où il est roi et c'est pourquoi ses moments chez Gaston sont rares et peu productifs. Tristan, au contraire, est étroitement associé à Gaston et, si l'œuvre de Voiture, s'explique par l'étude de l'Hôtel de Rambouillet, celle de Tristan ne peut être séparée de la cour de Gaston qu'elle reflète.

Avant l'arrivée de Tristan et de Saint-Amant, la poésie de l'amour est abstraite. Sous l'influence de Marino, elle devient descriptive, plastique, mais se perd dans le dédale de la rhétorique. Ce n'est qu'avec Tristan que la poésie érotique revêt un manteau de chaude sensualité. Tristan imite Marino, mais ce n'est que dans la forme. Tandis que Marino se perd dans un labyrinthe touffu de raffinements extrêmes, Tristan mêle l'art plastique de l'Italien à la psychologie de Théophile puis,

---

[123] *Œuvres*, I, 116.
[124] Voir ses stances "Sur sa maîtresse rencontrée en habit de garçon, un soir de Carnaval," *Œuvres*, II, 292-96.
[125] Neufgermain, pp. 4-5.

y ajoutant son génie, en tire une œuvre lyrique de premier ordre.[126]

Tristan est précieux, mais un rapide coup d'œil dans les recueils du temps fait voir qu'il l'est bien moins que ses contemporains. Préférer des pensées naturelles aux pensées recherchées, c'est s'afficher comme étant le plus lourdaud des campagnards. Et pourtant, Tristan est le premier au dix-septième siècle à chanter la nature extérieure et l'on ne verra pas son pareil avant la publication des *Lettres du Limousin*. Comme l'a dit N.-M. Bernardin, Tristan "n'est disciple d'aucun maître"[127] et son siècle lui en sait gré:

> Tristan, qui chante comme un ange
> Quand il entonne une louange,
> Et qui, pour bien éterniser,
> Ne va point chez autrui puiser...

dit Scarron dans sa "Réponse à M. le comte de Saint-Aignan."[128]

Tristan est introduit chez Gaston grâce à son ex-précepteur, Claude du Pont, qui a aussi été un des précepteurs de Gaston. Tristan arrive à Paris vers la fin de novembre 1621 et entre chez Gaston peu après.

Il est probable que plusieurs poésies des *Vers héroïques* (1648) soient des vers de jeunesse, mais ce n'est qu'une hypothèse. Les premiers vers datés que nous ayons de Tristan sont des stances insérées dans le *Recueil des plus beaux vers* publié en 1627 par Toussainct du Bray sur la demande du comte de Moret et intitulées "Enfin, guéry de la folie".

Il doit être guéri de plus que d'une simple folie, quelle qu'elle soit: il était tombé en disgrâce en 1625[129] mais venait

---

[126] Sur la question du marinisme en France, voir Cabeen, qui nie toute influence mariniste en France; **Adam**, pp. 443-454 et Adam, *Histoire de la littérature française au XVIIe siècle* (Paris: Domat, 1948), I, 371-75, pousse à l'extrême la thèse opposée. S'il fallait choisir entre ces deux extrêmes, nous opterions pour Cabeen en ce qui concerne Tristan. Celui-ci a lu et imité Marino, mais pas aussi aveuglément que ne semble l'indiquer Adam dans ses deux livres.

[127] Napoléon Maurice Bernardin, *Un Précurseur de Racine, Tristan l'Hermite, sieur du Solier* (Paris: Picard, 1895), p. 528.

[128] Ibid., p. 529.

[129] Ibid., p. 117.

de rentrer — peut-être vers la fin de 1626 — comme gentilhomme dans la maison de Gaston. Cette disgrâce momentanée nous vaut son *Ode à M. de Chaudebonne* dans laquelle il avoue ne pas en savoir la raison:

> J'irai perdre dans ma maison
> Les ressentiments d'une injure
> Dont je ne sais pas la raison.[130]

Le 28 août, Tristan quitte Paris pour La Rochelle avec son maître, participe à la "drôlerie de Monsieur" — l'attaque désastreuse du fort de Tasdon — et au secours de Ré, puis célèbre ces événements dans son ode *La Mer*.[131] Ces trois cent dix vers sont faibles quant au récit historique, montrant une banalité dont l'auteur saura se défaire plus tard, mais la description de la mer marque une étape dans la poésie lyrique et descriptive du siècle:

> Depvis la mort de Maricour [132]
> I'ay l'Esprit plain d'inquietude:
> I'abhorre le bruit de la Cour
> Et n'aime que la solitude.
> Nul plaisir ne me peut toucher
> Fors celuy de m'aller coucher
> Sur le gazon d'vne falaise,
> Où mon dueil se laissant charmer
> Me laisse réuer à mon aise
> Sur la majesté de la Mer.
>
> . . . .
> Le Soleil à long traits ardans
> Y donne encore de la grace;
> Et tasche à se mirer dedans
> Comme on feroit dans vne glace:
> Mais les flots de vert émaillez
> Qui semblent des Iaspes taillez;
> S'entredérobent son visage;
> Et par de petits tremblements
> Font voir au lieu de son Image
> Mille pointes de diamants.[133]

---

[130] *Ibid.*, p. 113.
[131] (Paris: Callemont M.DC. XXVII.I [sic]).
[132] Son ami, tombé à la "drôlerie."
[133] François Tristan L'Hermite, *Vers heroïqves* (Paris: Loyson, 1648), pp. 27, 29.

C'est là une aubaine pour le lecteur amateur de la nature et un grand pas en avant depuis "L'Ode à M. de Chaudebonne"

> L'écho d'un bois ou d'un rivage,
> Où les bergers vont s'enquérir
> Du destin qu'ils doivent courir...[134]

qui ne décrit qu'une nature de pastorale.

La production de Tristan qui montre l'esprit qui règne à la cour de Gaston est sa contribution aux ballets de Monsieur.

Pendant la première moitié du siècle, le théâtre ne réussit à envahir la cour que de temps en temps, mais le ballet s'y était déjà installé depuis le règne de Henri IV. C'est l'amusement principal de la cour, et le plus coûteux. Dans une lettre à Peiresc du 27 janvier 1614, Malherbe dit: "Nous vîmes jeudi au soir le ballet attendu si longtemps, duquel la vue ne répondit pas à la dépense qui en avoit été faite, que l'on estime à plus de dix mille écus."[135] La *Gazette* raconte les détails minutieux et la longue préparation qu'un ballet de cour nécessite.[136] Le costume est applaudi selon l'extravagance de celui qui le porte et c'est ainsi que "deux Gueux vestus de riches lambeaux, que representoient le comte de Fiesque et le sieur Parade" se distinguent au "Ballet du Chateau de Bissestre."[137] Toute la noblesse est victime de cette manie extravagante:

> Louis XIII... malgré sa repugnance première, s'était mis au ballet, et même son austère ministre Richelieu semble les avoir recherchés. En 1638 il réclamera que soit dansé en son palais le Grand ballet de Monsieur, qui avait déjà remporté un grand succès à Tours.[138]

La province emboite le pas; au moment où, en 1625, le ballet

---

[134] Bernardin, p. 114.
[135] *Œuvres*, III, 378.
[136] 1635, p. 16.
[137] *Gazette*, 12 mars 1632, pp. 104-5.
[138] Nanie Bridgman, "L'Aristocratie française et le ballet de cour," CAIEF, IX (1957), 14. Voir aussi le *Mercure français*, 1639, p. 54.

du "Monde renversé" est représenté chez Gaston, un autre ballet du même titre, mais dont le sujet est différent, est dansé dans la Franche-Comté, chez le marquis du Châtelet.[139] Un coup d'œil jeté dans Lacroix montre que ce cas n'est pas isolé et qu'André Verchaly a eu tort de dire:

> La plupart des ballets dont la musique vocale est connue furent dansés à la cour, à Saint-Germain, au Louvre, à l'Arsenal, au Petit Bourbon, à l'Hôtel de Ville (seconde représentation) ou chez Monsieur. Les textes grivois y sont très rares; ils disparaissent peu à peu des recueils. L'éditeur élimine les couplets grossiers, ce qui explique que les ballets de Monsieur, d'un ton bien différent de celui des ballets représentés à la cour, y soient peu nombreux.[140]

Nous montrerons que jusqu'à la mort de Gaston les textes grivois sont, au contraire, très nombreux, que les libraires n'en ont rien retranché et que les ballets de Monsieur ne sont ni plus ni moins grossiers que ceux dansés autre part. La politesse d'Anne d'Autriche n'est pas la même que celle de Mme de Maintenon. Les résultats des recherches publiées au courant des dernières années montrent que le libertinage du milieu de Gaston n'est pas un cas isolé.

Les premiers ballets dansés par Gaston sont présentés chez son frère. En 1624, il danse le rôle du pirate dans le "Ballet des voleurs":

> Je suis tel que Jason, Amour est mon pilote,
> Les vents sont mes soupirs, la mer l'eau de mes pleurs,
> La toison est le but de mon desir qui flotte,
> Mais je n'ay pour toison que l'œil pour qui je meurs.[141]

Notons que, dans le ballet de cour au dix-septième siècle, le livret n'est pas toujours récité par les danseurs. Ecrit pour l'édification du public, il l'aide à interpréter les gestes des danseurs.

---

[139] Paul Lacroix, *Ballets et mascarades de cour de Henri III à Louis XIV (1581-1652)* (Genève: Gay, 1868-70), III, 56.
[140] André Verchaly, "Les Ballets de cour d'après les recueils de musique vocale (1600-1643)," CAIEF, IX (1957), 200.
[141] Lacroix, III, 9. Par Bordier, poète du roi, et publié en 1624 à Paris par Jean Sara.

Ceci est particulièrement important si l'on veut voir l'excès d'indécence auquel les nobles se livrent en plein ballet.

Un an plus tard, le 11 février 1625, Gaston danse le ballet des "Fées de la Forest de Saint-Germain" avec son frère. Cette même année voit le pemier ballet dansé chez Gaston, le "Ballet du Monde renversé" dans lequel un fou enseigne un philosophe, un écolier fouette son maître, et où l'ordre accepté est systématiquement renversé.

En 1626 Tristan écrit "Les Dandins," ballet dont la musique est de Boesset.[142] Ce court ballet est dansé par quatre dandins qui "suivent les jeux et l'amour" et qui, en querelle d'amour,

> ...ne font pas comme leur chien
> Qui s'enfuit quand on l'appelle.[143]

Il y a aussi des filous, des Espagnols qui montrent par leurs civilités qu'ils "ne sçauroient estre que françois,"[144] et le curé de Mosle qui

> ...n'est pas si près
> De perdre son benefice,
> Que de voir enlever l'innocente beauté,
> Pour qui son cœur devot bruisle de charité.[145]

Ce ballet est espiègle, mais moins grivois que ne l'est le "Grand Bal de la Douairiere de Billebahaut" dansé par le roi au mois de février 1626 et dont les vers correspondant au rôle de Gaston ont probablement été écrits par Tristan.

Le 4 janvier 1627 Gaston danse le "Ballet des Quolibets" au Louvre et à l'Hôtel de Ville.[146] Maistre Aliborum nous y fait le récit de sa jeunesse:

> J'ay passé mes plus jeunes ans
> En mille sottises diverses,

---

[142] Antoine Boesset, né vers 1585, mort en 1642. Intendant de la musique de la reine (1615) puis maître de la musique du roi, intendant puis surintendant de la musique du roi et enfin conseiller du roi. Auteur de plusieurs recueils d'airs et de vingt-quatre ballets.
[143] Lacroix, III, 115. Publié sans nom de lieu et sans date.
[144] Ibid., p. 117.
[145] Ibid., p. 116.
[146] Ibid., p. 227. Ce ballet est composé par "le sieur Sigongnes" [sic], et publié à Paris, chez Courbé.

> Tantost avec des partisans,
> Comblé d'ennuis et de traverses,
> Tantost au milieu des forets,
> Poursuivant les bestes sauvages,
> Et tantost parmy les guerets
> En raccoustrant des pucelages.[147]

Tandis que Maistre Gonin vante ses prouesses amoureuses:

> Mon godenot extravagant
> Produit je ne sais quel onguent
> Qui chatouille la conscience,
> Et si vous croyez que je mens,
> Vous en verrez l'experience
> Dans trois ou quatre mouvemens.
>
> Dans ces agreables concerts
> J'ay deux belles dont je me sers,
> Que je passe par dans ma bouche
> Et fais des tours beaucoup meilleurs,
> Car si quelque femme me touche
> Je les fais ressortir ailleurs.
>
> Je suis le plus ingenieux
> Qui parust jamais sous les Cieux;
> Je porte un baston de mesure
> Dont quinze poulces de longueur
> Par les effects de la nature,
> Amortiroient vostre langueur.
>
> Mon entonnoir a des ressorts
> Qui me font remuer le corps
> Plus dru qu'un coq qui se secoue,
> Et lors je rencontre à tastons
> Une boiste dont je me joue
> Autrement qu'avec des jettons.
>
> Je sçay mille subtilités
> Qui garantissent les beautés
> Des rousseurs et de la jaunisse,
> Et si vous croyez mon advis,
> Belles, acceptez mon service,
> Vos cœurs en seront tous ravis.

---

[147] Ibid., p. 229.

> Mais avant, je vous advertis
> De prendre garde à mes outils,
> Car s'il faut que je vous approche,
> Et s'il arrive quelquefois
> Que mon cadenast vous accroche,
> Vous n'en serez que pour neuf mois.[148]

En 1627 Tristan écrit les vers du "Balet de Monseigneur Frere du Roy." Le ballet est en forme de revue et plutôt obscène.

Mignu, l'emmancheur de balais, veut accommoder les femmes "d'un manche qui ne se cassera jamais."[149] Bois-d'Annemets, costumé en femme, veut en faire de même, tandis que Brion, Puylaurens et Blaru ne songent qu'aux cornes qu'ils font lever sur le front des maris.[150] Bouteville, en maître d'hôtel, sert mieux au lit qu'à table, et les niais de Solongne [sic] préfèrent mettre la main "Dessous un cotillon que dans un gant fourré."[151] En somme, la vantardise et l'obscénité rivalisent à outrance du premier au dernier vers de ce ballet. Tristan est obscène, mais il ne l'est pas plus que Sigogne ou tout autre librettiste de son temps.

On a déjà remarqué que, si Gaston a ses moments grivois, il sait aussi s'entourer d'hommes dont les mérites sont associés à des études sérieuses.

Rodolphe Le Maistre, conseiller, premier médecin et gentilhomme ordinaire de Gaston a écrit une foule de traductions, de livres de médecine et de philosophie dont l'un est intéressant par son titre qui semble bien éloigné de la vie de Gaston: *Les Divins Mystères de la philosophie platonique sommairement rapportés à la sagesse de Pythagoras* [plus] *Ensemble un Traicté de la constance catholique contre les flotantes* [sic] *erreurs de ce temps.*[152]

---

[148] Ibid., pp. 233-34.
[149] Ibid., IV, 18.
[150] Ibid., p. 20.
[151] Ibid., p. 23.
[152] (Paris: Dugast, 1628).

Le comte de Moret, ce bâtard déchaîné qui, en mécène généreux, a fait publier le recueil libre de 1627 dont nous avons parlé a aussi écrit un exercice intitulé *Conclusiones ex universa philosophia depromptae*.[153]

Vaugelas est gentilhomme ordinaire de Gaston dès 1627 et Louis Gedoyn, "le Turc," qui avait aidé Brèves à élever Gaston, revient d'Alep en 1625 et rejoint son ancien élève, apportant à sa cour une allure libertine et érudite.

Parmi les prosateurs à la cour de Gaston, il y en a cinq qui valent une mention à part: Favoral, Mareschal, Faret, Voiture et Boissat. Nous considérons la prose de ces deux derniers dans le chapitre suivant.

Jean de Favoral de Moussadières, lieutenant de la porte de Gaston en 1642, a publié plusieurs livres de veine érotique: *L'Arioste imité* (1610), *La Constance d'amour* (1622) et *Les Plaisantes Journées du Sr. Favoral* (1623). Ce dernier livre, à en juger par ses nombreuses réimpressions, a un succès énorme durant le règne de Louis XIII.

En 1626 (le privilège est du 3 février 1627) Mareschal écrit *La Chrysolite ou le secret du roman*[154] qui va dorénavant servir de modèle aux romanciers — du moins si l'on en croit les modestes espérances de l'auteur. Cette œuvre de réaction contre les fadeurs pastorales est considérée par Koerting comme "der erste psychologische Roman Frankreichs, nach inhalt wie Form eine der merkwürdigsten und vollendetsten Schöpfungen des gesamten XVII. Jahrhunderts."[155] C'est peut-être trop dire. Mareschal veut être l'apôtre de la vraisemblance, il veut peindre l'humanité telle qu'il la voit et il veut instruire.[156] Il ne réussit que dans l'analyse des personnages qui luttent, non entre eux, mais contre des forces extérieures (Dieu, le destin, la société) et contre leurs propres passions. Clytimon, comme Gaston, n'est pas libre de ses actions et les contraintes le mettent parfois hors

---

[153] (s.l., n.d.).
[154] (Paris: Toussainct du Bray, 1627).
[155] *Geschichte des Französischen Romans im XVII. Jahrhundert* (Oppeln und Leipzig: Franck, 1891), II, 134.
[156] Pour une analyse détaillée du roman, voir Durel, pp. 32-47.

de lui, mais ce parallèle est gratuit car le roman dépeint des événements qui ont eu lieu loin de la cour de Gaston.

Nicolas Faret qui, en 1626, assiste au mariage de Gaston et en reçoit une charge de gentilhomme ordinaire est l'un des premiers membres de l'Académie. C'est lui qui, en 1630, parle de Conrart à Boisrobert, lequel en fait mention à Richelieu, ayant ainsi sa part à la fondation de ce corps.[157]

Saint-Evremond le traite d'ivrogne:

> Allons nous en trouver le compère Faret,
> Qui nous attend sans doute au premier cabaret.[158]

En cela il ne fait qu'imiter Saint-Amant qui accuse Faret de trop aimer "les moindres escots des tavernes"[159] mais qui, en fin de compte, avoue que ce n'est que pour la facilité de la rime:

> Chère rime de cabaret,
> Mon cœur, mon aymable Faret.[160]

Malgré ces insinuations, la plupart de ses contemporains reconnaissent qu'il n'est pas ivrogne "bien qu'il ne haït pas la bonne chère et le divertissement."[161]

Faret s'est peu occupé de poésie. Il a bien laissé un poème liminaire pour *L'Espadon satyrique* de Claude d'Esternod, "cet escrimeur d'entre-cuisse,"[162] mais sa production principale jusqu'en 1631 est dans le domaine de la prose. Il avait déjà écrit plusieurs œuvres avant son entrée chez Gaston, notamment *Des vertus nécessaires à un Prince.*[163] En 1627 il publie son *Recueil de lettres nouvelles*[164] dans lequel se trouvent plusieurs

---

[157] Bernardin, *Hommes et mœurs au XVIIe siècle* (Paris: Société française d'imprimerie et de librairie, 1900), p. 65.
[158] *La Comédie des académistes* (New York: Publications of the Institute of French Studies, [1931]), p. 29.
[159] *Œuvres complètes*, I, 144.
[160] Ibid., p. 170.
[161] Pellisson et d'Olivet, I, 192; Claude Pierre Goujet, *Bibliothèque française* (Paris: Mariette et Guerin, 1740-56), XVI, 54.
[162] (Paris: Fort, 1922), p. LXII.
[163] (Paris: Toussainct du Bray, 1623).
[164] (Paris: Toussainct du Bray).

des siennes. Ce recueil est réimprimé par Quinet en 1634, par Courbé en 1638 et par Blageart en 1642.

En 1629, il écrit la préface aux œuvres de Saint-Amant et, en 1630, *L'Honneste Homme ou l'art de plaire à la court*.[165] Ce livre est le plus connu parmi ceux qui ont été inspirés par le *Cortegiano* parce qu'il est le plus répandu, étant réédité en 1631, 1634, 1636, 1640, 1656, 1658, 1660, pour ne parler que des éditions parues du vivant de Gaston. Faret puise à des sources nombreuses,[166] mais il ne plagie pas. Castiglione veut que son élève réussisse à la cour, mais cette cour italienne se confond avec le monde. Il n'en est pas de même de la cour de France. Le dessein de Faret est marqué dans le titre: plaire à la cour, y réussir, en un mot, parvenir. Toutes les actions de l'honnête homme de Faret visent à ce but. L'honnête homme est associé à l'âge classique, mais ce ne peut être l'élève de Faret: Faret a la vue trop étroite pour comprendre la grandeur du mouvement intellectuel français qui aboutira à la perfection classique. L'idée du juste milieu, de l'homme qui ne se pique de rien, a déjà ses sources dans les essais de Montaigne, mais ce qui était chez Montaigne un trait de caractère — et ce qui le sera chez l'honnête homme classique — n'est qu'une manière d'expression chez Faret, et ce qui sera une façon de vivre chez Méré n'est qu'une façon de s'habiller chez Faret.

Faret écrit, dans sa dédicace à Gaston: "Je prens un peu plus hardiment la liberté de dire qu'en vous presentant ce Livre, je vous presante comme un pourtrait de vous mesme."[167] Plein de contradictions, Faret veut que son courtisan soit vertueux et qu'il brille dans une cour pleine de vices où triomphent la servitude et l'hypocrisie. Cette vertu extérieure, superficielle, fait penser à la cour de Gaston plutôt qu'à celle de Louis XIV. Le courant principal des mœurs va de l'Hôtel de Rambouillet à Versailles. Le Louvre ne semble y avoir aucune part. Le Luxembourg non plus.

---

[165] (Paris: Toussainct du Bray).
[166] Pour une analyse détaillée, voir la préface par Magendie à l'édition critique que nous citerons (Paris: PUF, 1925).
[167] *L'Honneste Homme*, p. 3.

Chapitre III

1631-1634: EXIL

Gaston, en route pour la Lorraine, n'a tout de même pas l'air d'un réfugié.

> Jamais, de memoire d'homme, on ne vit un frère de roi se choisir un cortège plus brillant, composé de la fleur de la noblesse, ni s'entourer d'une pompe plus magnifique pour défendre l'éclat de sa haute situation et sa propre renommée.[1]

Peu après l'arrivée de Gaston à Nancy, Marie s'évade de Compiègne et demande asile à Bruxelles à l'Infante Isabelle. Elle donne permission à Gaston d'épouser Marguerite de Vaudemont, sœur du duc de Lorraine. Le 3 janvier 1632, le mariage a lieu sans pompe, mais Charles de Lorraine, voyant que ses forces ne peuvent résister à Louis XIII, signe le traité de Vic le 6 janvier. Le même jour, Richelieu fait une proposition au roi dans laquelle il "estime qu'il seroit utile de proposer un accord à Monsieur."[2]

L'une des conditions du traité de Vic étant que le duc de Lorraine obligerait Gaston à sortir de ses états, Gaston quitte sa jeune épouse et arrive à Bruxelles le 28 janvier.

Ayant reçu l'assistance qu'il avait demandée aux Espagnols, Gaston quitte Bruxelles le 18 mai et entre en France à la tête

---

[1] Boissat, *Silve-ducensis expugnatio*, p. 71, cité par Latreille, p. 362.
[2] Richelieu, *Lettres*, IV, 239.

de seize ou dix-sept mille hommes. Il traverse la France et joint ses forces à celles de Montmorency en Languedoc. Le 18 août, Louis XIII abondonne tout espoir de réconciliation[3] et le premier septembre, la bataille de Castelnaudary a lieu. Cette "embuscade" d'une demi-heure[4] amène la défaite de Gaston: Montmorency est blessé et pris les armes à la main, tandis que le comte de Moret est tué dans une répétition stupide de la "drôlerie" de La Rochelle. Moret, "qui brûloit d'envie d'acquérir de l'honneur à ses premières armes,"[5] ne peut s'empêcher d'aller affronter une compagnie de cavalerie. Il est blessé à mort et l'aile gauche de Gaston, qu'il commandait, se voyant sans chef, s'empêtre et assure la défaite des révoltés.

Le roi ayant invité Gaston à rentrer dans ses devoirs, ce dernier veut imposer à son frère des conditions, comme si le roi avait été vaincu. Le 15 septembre, le roi refuse ces propositions comme étant peu convenables à sa dignité et au bien de son état,[6] et le 23, un accommodement est signé entre les deux frères. Gaston doit avouer ses fautes par écrit. Il doit abandonner ceux qui se sont révoltés avec lui, y compris sa mère, et s'entourer de personnes agréables au roi. Gaston accepte, mais, le 31 octobre, Montmorency est décapité. Le roi, peu prudent dans une lettre du même jour, écrit à son frère: "Je désire et j'espère que ce qui est arrivé nous donnera lieu de vivre mieux ensemble que jamais,"[7] ce qui ressemble à une cruelle ironie. Gaston s'en souviendra et quand il apprend que son mariage n'est plus secret, il suit le conseil de Puylaurens et part pour Bruxelles. Marie, qui lui en veut de l'avoir abandonnée lors de son traité, quitte Bruxelles. Gaston essaie une réconciliation, mais échoue. C'est alors qu'il tente de gagner de nouveau les étrangers à sa cause, mais là aussi, il échoue. Claudine, l'archiduchesse d'Autriche, ne veut même pas lui donner asile, ne voulant pas s'embarquer "dans cette affaire

---

[3] Ibid., p. 345.
[4] Ibid., p. 359.
[5] *Mémoires de Gaston*, p. 595.
[6] Richelieu, *Lettres*, IV, 368.
[7] Ibid., p. 397.

avec le duc d'Orléans, et donner au roi de France sujet d'être mal disposé" envers elle.⁸

Gaston continue ses cabales et au mois de juin 1633 Louis apprend que son frère est en relations secrètes avec la Lorraine.⁹ Louis assiège Nancy et le 4 septembre, Marguerite, craignant pour sa vie, s'enfuit "en habit déguisé" et va trouver Gaston à Namur.¹⁰ Gaston ne s'était pas ennuyé durant cette séparation :

> Monsieur, dont le cœur ne pouvoit demeurer oisif, s'attacha en attendant l'arrivée de la Princesse Marguerite, auprès de la Comtesse de Rennebourg, mais comme elle étoit d'une vertu si austère qu'on l'apelloit communément la Sauvage, il alloit se délasser auprès d'une Espagnole nommée Dame Blanca dont l'humeur étoit moins farouche.¹¹

Mais il aime sa femme et quand le roi veut lui accorder son pardon à condition qu'il livre sa femme en otage, il refuse:

> La personne de Madame et la mienne sont tellement inséparables... [que] je ne puis prendre le party de mettre aux lieux où il [le roi] aura puissance une personne dont la conservation m'est plus chère que la mienne.¹²

Louis, irrité par le refus de Gaston, veut faire annuler le mariage sous prétexte de rapt. Gaston ne se laisse pas fléchir et pour montrer sa bonne foi, il épouse Marguerite une deuxième fois et veut faire approuver par les docteurs de Louvain et par le Pape la validité de son mariage qui, selon l'Eglise, est légitime. Les docteurs de Louvain approuvent, mais Robert Passart, chargé de la lettre au Pape, est arrêté à la frontière et jeté à la Bastille.¹³ Gaston, ayant signé un traité avec l'Espa-

---

⁸ Jacques-Joseph Champollion-Figeac, ed., *Documents historiques inédits* (Paris: Didot, 1847), III, 635: lettre à Guillaume de Bade, 16 novembre 1632.
⁹ Richelieu, *Lettres*, VIII, 253.
¹⁰ *Mémoires de Gaston*, p. 598. Voir, sur cette évasion, qui paraît être un épisode tiré de quelque roman fantastique, Christian Pfister, *Histoire de Nancy* (Paris, Nancy: Berger-Levrault, 1908), III, 34-36.
¹¹ *Les Galanteries des rois de France* (Cologne: Marteau, 1753), III, 102-3.
¹² Richelieu, *Lettres*, IV, 488.
¹³ *Mémoires de Gaston*, p. 600.

gne le 12 mai, réunit des troupes et marche sur la France à la fin d'août. Le parlement de Paris seconde le roi et, le 5 septembre, annule le mariage de Gaston. Pour comble, les levées de Gaston s'en vont en fumée et les Espagnols, n'ayant aucune confiance en lui, lui refusent toute aide. A la fin du mois, Gaston s'avoue défait et, le premier octobre, les deux frères sont réconciliés à Ecouen. Par ce traité, Gaston et tous ses suivants sont pardonnés à l'exception de Lavieuville, Monsigot et Le Coigneux. L'affaire du mariage est remise à plus tard. Gaston est dédommagé de ses dépenses et reçoit le gouvernement d'Auvergne au lieu de celui de l'Orléanais et du Blésois. Il rentre en France sans sa femme. Les inséparables sont séparés.

Cette période de la vie de Gaston, si riche en aventures, est stérile en productions dramatiques. La Serre, successeur de Mareschal comme bibliothécaire de Gaston, est le seul à produire une pièce — à moins que l'on ne compte les pastorales de Passart — et cette pièce est des plus mauvaises.

Boileau se moque de La Serre,[14] Saint-Amant fait de même dans "Le Poète crotté,"[15] et Maynard n'admire que la fécondité de sa plume.[16]

Pyrame, tragédie publiée à Lyon en 1633, probablement lors du passage en France de Gaston, n'est qu'une traduction en prose des vers de Théophile. Elle souffre d'un manque total de génie et d'un excès de préciosité, et ne voit jamais la scène.

Presque toute l'œuvre poétique de la cour vagabonde de Gaston est entre les mains capables de Voiture et de Tristan.

Gaston, à Bruxelles, se prépare à entrer en France et appelle à lui tous ses serviteurs. Voiture quitte Paris à contre-cœur[17] et s'achemine vers son maître. Il arrive à Bruxelles au mois de mai 1632, et se trouve aux côtés de son maître quand ce

---

[14] Satires III, IX; Epître IV; *Le Lutrin*, Chant V; Réflexion VIII, sur Longin.
[15] *Œuvres*, I, 222.
[16] François Maynard, *Poésies* (Paris: Garnier, 1927), p. 50.
[17] *Œuvres*, I, 64, 68, 73, 75-76.

dernier envahit la France. Au début, Voiture, comme ses compagnons, est assez allègre, mais vers le mois de juillet la campagne le décourage et il s'empresse d'accepter une mission à Madrid. Les affaires de Monsieur allant de mal en pis, Voiture se décourage et s'ennuie malgré sa correspondance enjouée avec Mlle Paulet et les belles Espagnoles. Il veut retourner chez les siens pour badiner d'amour dans la langue qui est celle de l'amour:

> Assi sera justo que de buena gana diga V. S. *yo amo,* pues ay tanto tiempo que lo digo, y sin cansare la memoria, en sabiendo essa palabra, luego sabra una lengua que es la de amor, mas linda que la Española, y mucho mas estendida...[18]

Quand son remplacement arrive enfin, le 14 mai 1633, le manque d'argent force Voiture à rester à Madrid. Il part enfin et arrive à Bruxelles — via Lisbonne et Londres — au début de 1634. Il reste là jusqu'à la fin de l'année et ne rentre à Paris qu'après le rétablissement de la paix entre Louis et Gaston.

La plus grande part de la production poétique de Voiture n'a aucun rapport avec son rôle dans la cour de Gaston. Mais parfois un rayon d'actualité illumine des vers et sans leur donner le ton de poèmes de circonstance, du moins nous permet de les placer.

Les stances "A la louange d'un soulier d'une dame" sont de ce genre. Voiture, du ton le plus précieux, se plaint d'être ensorcelé par une femme après l'autre:

> Ainsi mon cœur prisonnier
> Va de soulier en soulier.

Cette fois, le soulier en question est d'importance:

> Le pied qui cause ma peine
> Et qui me tient sous sa loi,
> Ce n'est pas un pied de roi,

---

[18] Ibid., I, 154.

> Mais plutôt un pied de reine:
> Car je vois dans l'avenir
> Qu'il le pourra devenir.[19]

C'est du pied de Mme d'Aiguillon qu'il s'agit. Selon les rumeurs contemporaines, Richelieu veut faire rompre le mariage de Gaston afin de lui faire épouser sa nièce. Voiture trace un portrait de la belle, mais le termine en disant

> Que ce temple magnifique
> Pour être plus exhaussé,
> Sera bientôt renversé.[20]

Tandis que Voiture se morfond en Espagne ou s'amuse à l'Hôtel de Rambouillet, Tristan suit son maître partout. La plupart du temps il est sans gages, mais il ne perd jamais l'espoir d'être un jour récompensé.

Bruxelles, lors du séjour de Gaston, est une des plus belles cours de l'Europe, mais c'est aussi une des plus austères, et les jeunes Français s'y ennuient à mourir. Les belles Espagnoles ont chacune leur galant français, "mais c'étoit à l'Espagnole, ne se voyant que par une jalousie fort haute d'où il étoit très-difficile de se faire entendre." [21] Cette espèce de tête-à-tête, et la pruderie des Espagnols empêchent toute distraction. A un bal de la cour le duc de Bouillon rencontre Mademoiselle de Bergh. Il en tombe amoureux. Après une courte absence, il revient à Bruxelles et, aiguillonné par la jalousie, se déclare, probablement au début de 1633.[22]

Tristan, le porte-parole du duc, se met au travail et écrit *Les Plaintes d'Acante* "Vn iour que le Printemps rioit entre les fleurs." [23] Le manuscrit est approuvé par la censure le 10 juin, ce qui montre la rapidité avec laquelle Tristan compose ses vers.

---

[19] Ibid., II, 301.
[20] Ibid., pp. 302-3.
[21] *Mémoires de Gaston*, p. 592.
[22] Eugénie Droz, *Le Manuscrit des "Plaintes d'Acante" de Tristan L'Hermite* (Paris: Chez l'auteur [Droz], [1937]), pp. 13-14.
[23] Tristan L'Hermite, *Les Plaintes d'Acante et autres œuvres*, p.p. Jacques Madeleine (Paris: Cornély, 1909), p. 11. C'est à cette édition que nous nous reporterons dorénavant.

Sylvie se laisse toucher:

> Mes chansons ont charmé l'oreille
> D'une ieune Merueille
> Dont l'aymable presence enchante tous les cœurs [24]

et le mariage est célébré en janvier 1634.[25]

Tristan s'est probablement servi de sa connaissance du Tasse, ou même de Marino, mais ce qui frappe les yeux dès la première lecture des *Plaintes*, c'est la description de la nature extérieure. Il est vrai que la préciosité — et même un ton parfois goguenard — se mêle parfois au pittoresque.

Pour échapper à l'ennui, les courtisans de Gaston et d'Isabelle se déguisent souvent en bergers et bergères, s'amusant avec plus de liberté aux jeux inspirés par *l'Astrée*.[26] Aussi est-ce dans un parc qu'Acante veut mener sa Sylvie:

> Ie vous pourrois monstrer si vous veniez vn iour
> En vn parc qu'icy prez depuis peu i'ay fait clore.... [27]

Il lui arrive même de protester:

> I'accuse vos rigueurs et le Ciel d'iniustice.[28]

Le parc que décrit Tristan est réellement celui de Bruxelles. "Ce n'est donc pas tant l'imagination poétique de Tristan qu'il faut louer que ses dons descriptifs et ses qualités d'observateur précis." [29] Tristan est aussi fin psychologue. Quand Acante est conseillé par une dame qui ne peut le voir se morfondre, c'est à la comtesse de Moret, maîtresse de Henri IV, qu'Acante doit ces conseils.[30] Reconnaissons qu'il y avait peu de femmes plus qualifiées au dix-septième siècle.

---

[24] *Plaintes*, p. 6.
[25] Droz, p. 17.
[26] Ibid., p. 13.
[27] *Plaintes*, p. 15.
[28] Ibid., p. 23.
[29] Droz, p. 20.
[30] Ibid., p. 26.

Lorsque *Les Plaintes* paraissent à Anvers en 1633, elles sont accompagnées d'autres œuvres de Tristan.[31]

Tristan est sûr de son mérite:

> On ne vous verra plus auant qu'il soit cent ans,
> Si ce n'est dans mes vers qui viuront d'auantage.[32]

Mais il n'est pas sûr des mérites des conquérants et de leurs guerres:

> Vous que l'ambition dispose à des efforts
> . . . .
> Vous pourriez asseruir l'Estat des fleurs de lys,
> Vous pourriez imposer des loix à tout le Monde,
> Mais tout cela vaut moins qu'vn regard de Philis.[33]

Dans *Les Amours,* ce regard se muera en baiser, mais le ton ne change pas: Tristan est fatigué de sa vie errante. Le poète veut troquer le champ de bataille et l'exil contre une bergerie. Toute querelle doit cesser, même entre amants:

> Sur ce fresne deux Tourterelles
> S'entretiennent de leurs tourmens,
> Et font les doux apointemens
> De leurs amoureuses querelles.[34]

Tristan montre déjà dans ces vers du "Promenoir des deux amants" qu'il s'affranchit de la préciosité et qu'il est en train de développer son individualité sensuelle. En effet, quelle anthologie de la poésie amoureuse peut se considérer complète sans le "Promenoir", ou "Les cheveux blonds"?

> Fin or de qui le prix est sans comparaison,
> Clairs rayons d'vn Soleil, douce et subtile trame
> Dont la molle estandue a des ondes de flame
> Ou l'Amour mille fois a noyé ma raison.[35]

---

[31] *Plaintes d'Acante et avtres œvvres dv Sr de Tristan* (Anvers: Aertssens, 1633).
[32] *Plaintes,* p. 57.
[33] Ibid., p. 62.
[34] Ibid., p. 59.
[35] Ibid., p. 64.

Dans ce recueil, il n'y a que trois poèmes d'occasion. Une prière à Puylaurens qui date de 1629, une consolation à Villeneuve sur la mort de son frère, et les stances "Sur la venve de Madame sortie de Nancy vestue en caualier et arriuée heureusement à Thionville, sous la conduite d'vn seul Gentilhomme, nommé le Sieur de Lavisez." C'est la description de l'arrivée du "bel Ange... sous vn habit de Mars"[36] qui, bravant les dangers, déguisée, vient soulager les peines de son mari.[37] C'est aussi un vœu qui doit faire enrager Louis:

>...que bien tost il sorte de sa couche
>Des petits Demi-dieux qui, lors qu'ils seront grands,
>Imitent leurs Parans.[38]

Notons qu'en 1638, Tristan, alors bien vu du cardinal, retranchera ces stances des *Amours*.

Tristan, sans quitter Gaston, trouve bon qu'un arc ait deux cordes et demande à l'Infante s'il peut faire son portrait poétique. Dans une lettre au marquis d'Aytone, il annonce que l'Infante lui a donné sa permission et a même "trouvé bon qu'on m'instruisit de quelques traits qui pouvaient servir à l'enrichissement de cet ouvrage."[39] Malheureusement, avant la publication de ce recueil, la princesse meurt, laissant Tristan, Gaston et la reine-mère sans soutien. Tristan joint alors à cette *Peinture de son Altesse Sérénissime*, déjà imprimée, une peinture de son trépas et plusieurs sonnets. Le tout est mis en vente le 21 janvier 1634.[40] Gaston, comme "La Flandre, s'estimant comme un navire en proie" à l'orage[41] se prépare à rentrer en France. Marguerite envoie une lettre après l'autre à sa famille. Tristan devient son messager, et c'est probablement d'un de ces voyages périlleux qu'il parle dans ses "Terreurs nocturnes" qui ne sont publiées qu'en 1648 dans les

---

[36] Ibid., p. 91.
[37] Ibid., p. 93.
[38] Ibid., p. 94.
[39] Cité par Bernardin, p. 158.
[40] (Anvers: Imprimerie Plantinienne).
[41] Sonnet au marquis d'Aytone, cité par Bernardin, p. 590.

Vers héroïques, longtemps après la rentrée en grâce de Marguerite.

Chevauchant au crépuscule, le poète a l'âme saisie

> En voyant la nuit venir,
> De cette paralysie
> Qui trouble ma fantaisie,
> Et confond mon souvenir.[42]

Des rameaux aspergent son visage [43] et la nuit donne aux arbres des aspects funèbres.[44] Piqué par des ronces, renversé par son cheval, il se trouve désarmé et

> tout embourbez
> En une mare inuisible.[45]

Les feux follets et le tonnerre ajoutent à ses terreurs [46] dont il ne voit la fin qu'à l'aurore, quand il arrive dans une maison où il trouve

> Des œufs frais, un matelas,
> Et trois heures de silence.[47]

La description détaillée manque, le décor est vague, mais les terreurs sont réelles: la nuit orageuse, le chemin peu sûr, le cheval qui tombe dans une fondrière, tous ces périls, Tristan les a connus. Ce poème n'est pas précieux: il est réaliste et annonce déjà *Le Page disgracié.*

C'est aussi à cette époque qu'il est envoyé en Angleterre auprès de la reine Henriette, la sœur de Gaston. Ce voyage nous vaut "L'Eglogue maritime," elle aussi insérée dans l'édi-

---

[42] Tristan L'Hermite, *Les Vers héroïques* (Paris: Loyson, 1648), "Terreurs nocturnes," strophe 6. Il est impossible de donner la page, la pagination des *Vers héroïques* étant fautive. La seule édition moderne de cette ode est à la fin de l'œuvre d'Amédée Carriat, *Tristan; ou, l'éloge d'un poète* ([Limoges]: Rougerie, [1955]), mais elle est incomplète.
[43] Strophe 8.
[44] Strophe 9.
[45] Strophe 10.
[46] Strophe 11.
[47] Strophe 20.

tion de 1648 des *Vers héroïques*. Cette églogue de près de cinq cent vers est la meilleure pièce poétique que Tristan ait produite jusque là, si l'on considère son but: flatter l'amour-propre du roi et de la reine d'Angleterre. La pièce est précieuse et les louanges touchent au fantastique par l'affectation et le recherché. Il ne faut pas y voir un essai d'expression personnelle, mais plutôt un exercice diplomatique. Le règne de Charles, selon Tristan, est un règne d'or:

> Aussi comme en cét Age d'or,
> Ou les cœurs se treuuoient sans vice;
> La Gloire et le bon-heur encor
> Y regnent auec la Iustice.[48]

A Bruxelles, les mœurs moroses des Espagnols permettent le bal, mais peu de ballets. Pendant qu'Anne d'Autriche, à l'Arsenal, voit le vulgaire ballet de la "Vallée de Misère", en présence de "Monseigneur l'Eminentissime Cardinal Duc de Richelieu,"[49] Gaston ne danse que le chaste ballet des "Princes Indiens,"[50] dont le livret médiocre est de La Serre. Après une dédicace effrontée, le livret même du ballet suit toutes les conventions et traditions du ballet français.

Dans le domaine de la prose, il n'y a que les lettres de Voiture qui vaillent un regard. Voiture, qui n'entend pas de bonne grâce se morfondre à Bruxelles, loin des précieuses parisiennes, écrit à Mlle Paulet "Je vous assure qu'il n'y eut jamais une tristesse pareille à la mienne, et si j'osois écrire des lettres pitoyables, je dirois des choses qui vous feroient fendre le cœur."[51] Bruxelles ne lui a pas fait perdre la préciosité dont il se sert comme d'une arme: "Vous voyez comme je me sais bien servir des jolies choses que j'entends dire."[52]

---

[48] *Vers héroïque*, p. 15.
[49] Lacroix, IV, 253.
[50] *Ballet des princes indiens* (Bruxelles: Vivien, 1634).
[51] *Œuvres*, I, 77.
[52] Ibid.

La préciosité, chez Voiture comme chez tous les précieux, n'est pas un état d'âme, mais un jeu intellectuel voulu et étudié. Voici pourquoi un Marquis de Rambouillet peut être à l'aise dans la chambre bleue et, faisant volte-face, peut aisément participer aux gauloiseries de Gaston. Voiture, lui aussi, peut être gaillard et, parlant de Chaudebonne qui devient de plus en plus religieux et revêche, il dit qu'il "est mort, il y a longtemps: il ne reste qu'à l'enterrer; mais on le laisse là par négligence."[53] C'est probablement aussi l'avis de Gaston.

Ce sont ces lettres qui nous apprennent l'état de l'armée de Gaston, "où les plus robustes sont fatigués."[54] Les mémoires du temps sont pleins de récits des excès que l'armée de Gaston commet le long de sa route, et il doit y avoir bien du vrai, car Voiture, se moquant de sa stature, admet qu'il n'a "point pourtant encore enlevé de femme ni de fille", étant trop las et "pas en très bonne consistance"; tout ce qu'il a été en état de faire, c'est "de mettre le feu à trois ou quatre maisons."[55]

Peu après, Voiture passe en Espagne et, s'il préférait la chambre bleue à la cour de Gaston, il voit bien maintenant qu'il y a pire. Il regrette ce prince qu'il loue.

> ...outre les hautes vertus que la grandeur de sa naissance lui donne, son affabilité et sa bonté, la beauté et la vivacité de son esprit, le plaisir avec lequel il écoute les bonnes choses et la grâce dont il les dit lui-même, sont des qualités qui à peine se trouvent nulle part au point qu'elles paroissent en lui.[56]

En 1634, Voiture revient à Bruxelles, mais Gaston vient de se raccommoder avec son frère et, avec la plupart des serviteurs de Gaston, Voiture attend l'ordre de rejoindre Monsieur à Blois.

Un autre prosateur, Boissat, reflète aussi un élément de la société du dix-septième siècle: n'oublions pas que l'on goûte à l'Hôtel de Rambouillet les romans fantastiques autant que

---

[53] Ibid., p. 79.
[54] Ibid., p. 80.
[55] Ibid.
[56] Ibid., pp. 159-160.

les pointes précieuses de Voiture. En 1631 Boissat publie son *Histoire Negrepontique,* mais en gardant l'anonymat.[57] Ce roman fantastique entasse une aventure après l'autre: évasions, rapts, combats, déguisements et reconnaissances, rien n'arrête la plume de Boissat, si ce n'est la lourdeur de son style. Accoutumé aux constructions latines, l'auteur ne sait pas manier ses outils linguistiques et s'empêtre dans des phrases interminables. Les trois premières phrases de l'histoire nous mènent jusqu'au milieu de la troisième page. En voici la première, qui donnera une idée de l'enchevêtrement des idées:

> La nuict n'estoit pas encore bien fermée, et le Soleil sembloit auoir du regret de laisser les royalles pompes d'Alger enseuelies dans les tenebres, quand trois ou quatre personnes ayant le visage enueloppé, sortirent du grand Serail par la porte des jardinages, et venant tout doucement à la marine, se saisirent de la premiere chaloupe, qui les conduisit à force de rames auprés d'un vaisseau de moyenne grandeur, ancré demi-mille hors de l'emboucheure du port, là où s'embarquans à la haste, avec l'ayde des matelots, ils firent voile selon qu'il pleust au vent de les conduire, n'ayant point à l'heure d'autre soucy que celui d'aller viste, et tenant pour la meilleure de leur route, celle qui les eslongneroit le plustost d'Alger.[58]

Pourtant, il y a un certain entrain dans la logique et l'enchaînement des pensées qui ne permettent pas au lecteur de souffler avant que les évadés soient en sûreté. C'est peut-être ce qui permet au livre d'atteindre une certaine popularité, puisqu'il est encore imprimé cent ans plus tard.

---

[57] Il fait imprimer le livre par un de ses amis qui y met son nom.
[58] Histoire *Negre-pontique, contenant la vie, et les amours d'Alexandre Castriot* [etc.] (Paris: Musier, 1731), pp. 1-2.

CHAPITRE IV

1634-1643: DE GENTILHOMME CAMPAGNARD A LIEUTENANT-GENERAL

Pendant que sa femme, sa mère, et ses courtisans s'ennuient à Bruxelles, Gaston revient en France, suivi de quelques favoris. Assurant Madame "qu'il lui seroit partout bon et inviolable mari,"[1] il lui envoie de quoi subsister et va à la rencontre du roi à Saint-Germain-en-Laye. Peu après, Puylaurens est marié à une cousine du Cardinal, fille du baron de Pont-Château, et on l'élève au rang de duc et pair.

Las des intrigues, Gaston se retire à Blois vers la fin de 1634 et y entreprend une reconstruction générale du château.[2] Il y dépense 300.000 livres, sans compter 100.000 livres pour la décoration intérieure.[3] Boutru, rendant compte à Richelieu de sa visite à Gaston, écrit:

il a une grande passion pour son bastiemens il y est huit heures le iour a faire demolir en sa presence... ie ne croy point quil y ait iamais eu son semblable il scait cent chansons a boire les plus estranges du monde bref pour le bien despeindre cest le plus debauche et le meilleur prince du monde.[4]

---

[1] *Mémoires de Gaston*, p. 604.
[2] Jean-François de Paule, Louis de La Saussaye, *Histoire du château de Blois* (Paris: Aubry, 1875), p. 357.
[3] Ibid., p. 358.
[4] Lettre du 16 janvier, Archives des Affaires étrangères, Mémoires et Documents France vol. 813, fol. 30.

Ceci, venant d'une créature du Cardinal, montre bien que Gaston, quoique grivois, n'est pas un monstre pervers comme on l'a trop souvent dépeint. S'il abandonne ses alliés, c'est que ces imprudents, par leur excès de zèle ou d'ambition, se perdent eux-mêmes. Ajoutons que Montmorency, Chalais, et les autres soi-disant victimes de la lâcheté de Gaston s'étaient engagés librement dans des intrigues dans lesquelles ils avaient entraîné Gaston. Dans ces luttes, Gaston n'est qu'un pion sur le damier des luttes personnelles issues de conflits d'ambitions. Par exemple, Puylaurens qui, grâce à Gaston, vient d'être élevé au duché, s'engage dans de nouvelles intrigues dans lesquelles il veut entraîner son maître. Le 14 février 1635, il est jeté dans le donjon de Vincennes, par ordre du roi. Gaston reconnaît que son ministre est coupable, quoique cette culpabilité soit excusable, car Puylaurens "avoit plus pesché par imprudence que par malice." [5] Gaston veut bien mentir pour amoindrir la punition d'un ambitieux, mais il ne veut pas faire des démarches sérieuses à ce moment, ne voulant pas gâter la paix qui existe entre lui et son frère. C'est pourquoi il abandonne Puylaurens.

Officiellement, Gaston est à Blois, mais l'hiver y est rude et il passe la plus grande partie de cette saison à Paris. Là il est fêté par le roi et le cardinal qui croient à la sincérité des bons sentiments de Gaston.[6] Goulas a pourtant raison quand il dit que ces sentiments de belle amitié réciproque n'empêchent pas que "ciascheduno guarda la sua cattiva volontà." [7]

Sa réforme politique n'est pas sincère, comme nous le verrons par la suite; sa réforme morale ne l'est pas non plus. Le 21 janvier 1635, à Rueil, Richelieu demande à Gaston de ne plus jurer et blasphémer, et de ne plus aller "aux lieux les plus infâmes de Paris." [8] Gaston "luy promit particulièrement de ne jurer et blasphémer plus." [9] Mais au mois de mai, Chavigny écrit à Richelieu que Gaston "juroit esgallement de sens froid et en cholère, et à cest heure il ne jure plus que lorsque

---

[5] Nicolas Goulas, *Mémoires* (Paris: Renouard, 1879), I. 268.
[6] Richelieu, *Lettres*, IV, 658.
[7] *Mémoires*, I, 261.
[8] Richelieu, *Lettres*, IV, 657.
[9] Ibid.

la passion l'emporte."¹⁰ Mais, si Gaston sait parfois résister aux blasphèmes, il n'en est pas de même pour les grossièretés. Ecrivant à Chavigny, au sujet d'un importun, il dit que "le bougre est revenu de Loudun." ¹¹

Néanmoins, si Richelieu veut bien croire à la réforme morale de Gaston, il a ses doutes quant aux bonnes volontés politiques que ce prince semble afficher. Le va-et-vient continuel de Gaston inquiète le roi et son ministre. Le 7 juillet, Puylaurens meurt à Vincennes. Le 10, l'assemblée générale du clergé donne au roi le droit de défendre à un héritier présomptif de la couronne de se marier. Gaston signe cet acte de renonciation le 16 août mais il n'y attache pas d'importance car il avait, avant son entrée en France, écrit une lettre au Pape dans laquelle il répudiait d'avance tout pacte d'annulement qu'il serait obligé de signer. Le Pape refuse d'annuler cette union et Richelieu, sachant très bien le peu de valeur de la pièce signée par Gaston, essaie de persuader Gaston d'annuler son mariage lui-même.

Goulas raconte que Gaston,

un jour, ayant eu envie d'une femme qui ne luy fut pas cruelle, il nous dit au petit coucher que le diable devoit estre fort embarrassé sur ce fait; car comme il croyoit d'estre marié, et les docteurs disoient que non, il étoit très difficile de résoudre s'il avoit commis une simple fornication ou un adultère.¹²

Gaston, qui veut vivre sans contrainte, se promène en bateau sur la Loire. Il se met au rang de ses serviteurs et joue, boit, mange et dort avec eux.¹³ Mais les guerres de Louis XIII ne lui permettent pas de goûter ces loisirs et, le 8 août 1636, Richelieu lui demande de lever des troupes et d'envoyer de la poudre pour aider le roi.¹⁴ Peu après, Gaston offre ses services au roi. Si le roi va à l'armée, Gaston veut être son lieutenant

---

[10] Ibid., V, 15.
[11] Lettre du 15 mai 1635, Archives des Affaires étrangères, Mémoires et Documents France vol. 254, fol. 30 v°.
[12] *Mémoires*, I, 277.
[13] Ibid., p. 279.
[14] *Lettres*, V, 531.

général. Autrement, il veut commander l'armée lui-même.[15] Louis donne alors le commandement de l'armée de Picardie à son frère qui fait le difficile et s'attarde au moment où il y a peu de temps à perdre. Quand Gaston arrive enfin à l'armée, il manque une occasion après l'autre de se distinguer et gâte même plusieurs victoires, ne sachant pas profiter de ses avantages.[16] D'accord avec le comte de Soissons, il veut se défaire de Richelieu mais ce complot avorte à Amiens grâce au manque de résolution de Gaston.[17] Gaston quitte l'armée le 20 octobre, va à Blois et, le 19 novembre revient à Paris où il rencontre le comte de Soissons. Ils se séparent et partent, le premier pour Sedan, le second pour Blois, mécontents plutôt que rebelles.

La facilité avec laquelle Gaston se laisse mener par de mauvais conseillers fâche Louis et Richelieu et tous les deux le réprimandent.[18] Ce qui préoccupe Richelieu, c'est que Gaston peut bien quitter Blois à tout moment et rejoindre l'ennemi. Le 11 décembre, Gaston écrit un acte de soumission, demandant, en revanche, que son mariage soit agréé et que le comte de Soissons soit pardonné. Le 16, Louis se soumet à cette volonté mais Gaston, inquiété par l'arrivée en masse des troupes royales à Orléans, diffère, et ce n'est que le 8 février 1637, grâce à l'intervention du Père de Goudren, ambassadeur du roi, que Louis et Gaston sont réconciliés à Orléans.[19]

Dorénavant, Gaston veut la paix sincèrement. Il va, de temps en temps, à Tours, où les amusements sont plus nombreux qu'à Blois. C'est là qu'il rencontre Madame de Chevreuse qui y est en exil. La compagnie de cette aventurière ne lui plaît guère. Quand elle s'enfuit en Espagne à la suite de diverses intrigues qui rendent son séjour en France dange-

---

[15] Ibid., p. 564.
[16] Ibid., pp. 576-82.
[17] Claude de Bourdeille, comte de Montrésor, *Mémoires* (dans Petitot et Monmerqué, *Collection des mémoires relatifs à l'histoire de France*, série II, vol. 54), pp. 296-97; Montglat, *Mémoires* (dans Petitot et Monmerqué, série II, vol. 49), pp. 144-46.
[18] Richelieu, *Lettres*, V, 695-97.
[19] Goulas, *Mémoires*, I, 309.

reux, Gaston soupire de soulagement, s'en voyant débarassé: "... Quant à madame de Chevreuse, ny moy, ny les dames de cette ville n'aurons esté aucunement affligées de son partement, ains au contraire, car elle nous faisoit mille foutaises," écrit-il de Tours à Chavigny le 20 septembre.[20] Ces "foutaises," sont, probablement, les démarches religieuses de la dame autant que ses intrigues politiques: Julie d'Angennes, de passage à Tours, a une longue conversation avec Madame de Chevreuse et écrit: "Elle est bien plus sérieuse que vous ne l'avez veue. Je pense que l'étude de la théologie où elle s'occupe maintenant, en est peut-être la cause."[21]

Blot l'Eglise, Rochepot, et plusieurs autres gentilshommes de la suite de Gaston, ne pouvant guère tirer de faveurs des jeunes filles blésoises, décident Gaston à visiter Tours où ils lui font rencontrer Louison Roger de la Marbelière. Gaston a bien une maîtresse à Blois, mais la fidélité n'est pas son fort. Louison

> ...avoit bien d'autres charmes que la Blaisoise; de belle taille, galante, libre, enjouée, de l'embonpoint raisonnablement; elle avoit les cheveux chastains tirant sur le brun, la présence de qualité, la mine haute et fière, le teint assez beau, les yeux grands et brillants, la gorge et les bras admirables, et une certaine grâce dans toutes ses actions qui lui étoit particulière; elle chantoit bien, elle dansoit bien, elle disoit les choses plaisamment, et elle étoit si gaye qu'on ne s'ennuyoit jamais avec elle; enfin elle possédoit tout ce qu'il faut pour détruire une absente et luy enlever son galant; il n'y a donc pas lieu de s'étonner si Monseigneur, médiocrement épris à Blois, se rendit à cette belle, et si Louison le gagne à la première vue; car il est des beautés qui emportent d'abord, comme le canon, sans qu'on leur résiste.[22]

La cupidité de la famille de la belle Tourangelle aidant à vaincre sa réticence, elle s'abandonne bientôt a Gaston. Il faut avouer que ce prince, pour la gagner, s'y prend comme s'il s'agissait "de la plus grande princesse de l'Europe."[23] Il fait

---

[20] Richelieu, *Lettres*, V, 839.
[21] Ed. de Barthélémy, "Choix de lettres inédites," *Bulletin du Bibliophile et du Bibliothécaire*, 1876, p. 9.
[22] Goulas, *Mémoires*, I, 319.
[23] Ibid., p. 323.

venir sa musique, des comédiens, des danseurs, et il prépare un ballet somptueux pour lequel il emploie "les meilleurs musiciens... à faire les airs, les poètes illustres à composer les vers et les récits, les baladins célèbres à inventer les pas, les beaux esprits à trouver des sujets."[24]

Il fait venir de Paris pour dix mille écus de meubles et de bijoux, y compris un énorme lit de velours. Malheureusement, les appas de la jeune fille plaisent aussi à un favori de Gaston, L'Espinay. Les doutes jaloux de Gaston étant bientôt confirmés, il chasse son rival et, quand Louison accouche, en 1640, d'un fils, il refuse de le reconnaître.[25]

Au début de 1638, Gaston se voit contrarié de nouveau. Que ce soit par Louis, qui ne s'occupe alors que de Cinq-Mars, ou par un autre, Anne d'Autriche devient enceinte. Quelqu'un attribuant ce bonheur à un miracle, le roi, ennuyé, répond "avec chagrin que Dieu en faisoit souvent, mais que ce n'en étoit point un qu'un mary qui couchoit avec sa femme luy fit un enfant."[26] Gaston dissimule son dépit, mais le 5 septembre, quand Madame Peronne lui fait voir, par raison physique, qu'il n'est plus héritier présomptif, il est tout interdit.

Le prince ressentit une douleur extrême au coup inopiné que lui donna la fortune en cette rencontre, à ce coup qui ruinoit toutes ses espérances, et ayant joué excellemment plusieurs jours de suite, et ne se pouvant plus contraindre, il s'en alla à Limours, où se découvrant à ses confidents, il se plaignit de son malheur avec mille larmes, et celuy auquel il s'ouvrit le plus alors m'a conté qu'elles luy couloient le long des joues comme deux ruisseaux, et que s'étant ainsi déchargé dans le particulier, il alloit faire l'enjoué en public et représentoit si bien ce personnage que chacun y fut trompé.[27]

Au début de 1640, nouveau choc: la reine est enceinte de nouveau. Ce qui est pis, c'est que Mademoiselle, qui n'a jamais

---

[24] Ibid.
[25] Ce fils sera, en 1653, recueilli par Mademoiselle, la fille de Gaston par son premier mariage, qui lui donnera le nom d'une de ses terres (Charny). Voir, sur ce point, Anne-Marie-Louise d'Orléans, duchesse de Montpensier, *Mémoires* (dans Petitot et Monmerqué, série II, vol. 41), pp. 407-8.
[26] Goulas, *Mémoires*, I, 326 note.
[27] Ibid., pp. 328-29.

montré de sympathie pour son père, se réjouit de ses frayeurs et, prenant part à la joie de Leurs Majestés, organise un ballet qui est dansé jusqu'à la mi-carême.[28]

Gaston, dégoûté, assiste au siège d'Arras, et à la chute de cette ville, le 9 août 1640. Le 21 septembre, Philippe de France vient au monde. Son oncle apprend la nouvelle à Chambord et montre la joie extérieure de convenance, quoiqu'au fond du cœur il soit assez ulcéré.

Néanmoins, Gaston désire la paix avant tout et refuse de se laisser entraîner dans la conjuration de Sedan, en mai 1640.[29] Le comte de Soissons, de plus en plus mécontent, s'était retiré à Sedan d'où il menaçait le roi de s'allier aux ennemis. Il essaie alors d'attacher Gaston à sa cause, mais en vain. En 1640, il jette ses forces avec celles de l'empire et est tué à la première bataille qu'il dirige contre son roi. Gaston se réjouit d'avoir résisté à la tentation et d'être resté dans ses devoirs. En somme, "il passoit sa vie en bon gentilhomme de campagne et faisoit pénitence de ses emportements passés."[30]

Pourtant, au début de 1642, aigri par l'air présomptueux de Richelieu, Gaston commence des démarches qui aboutissent au traité que Cinq-Mars signe, au nom de Monsieur, avec l'Espagne. Dès le 9 juin, Richelieu est au courant de cette trahison. Le 11 il parle de ces "descouvertes merveilleuses."[31] Le 13, pour empêcher Gaston de fuir en Espagne — et pour pouvoir se servir de lui pour punir les autres rebelles — le roi nomme Gaston général en chef de l'armée de Champagne. Le même jour, Cinq-Mars est arrêté. Gaston apprend cette nouvelle, mais se croit en sûreté, ne se sachant pas découvert. Le 25, il est déniaisé et, foudroyé, demande pardon au roi.[32] Il refuse, néanmoins, une confrontation honteuse avec les rebelles prisonniers et, après avoir marqué le désir de s'exiler à Venise, revient à Blois avec la permission du roi. Sa trahison n'en est pas

---

[28] Ibid., p. 338.
[29] Ibid., pp. 359-61; Richelieu, *Lettres*, VI, 786-87.
[30] Goulas, *Mémoires*, I, 370.
[31] *Lettres*, VI, 929.
[32] Ibid., p. 942; Goulas, *Mémoires*, I, 386 note.

moins complète car ses dépositions suffisent à la condemnation de ses complices.

Le roi, cependant, se méfie de son frère et, le 9 décembre, moins d'une semaine après la mort de Richelieu, il fait enregister par le parlement une déclaration excluant Monsieur de la régence.

Vers le commencement de carême, en 1643, le roi, étant tombé malade, Gaston va vite le voir; il est assez bien reçu. Peu de temps après le roi fait signer à Gaston et à la reine une déclaration — vérifiée au parlement le 21 avril — par laquelle la reine devient régente et Gaston gouverneur général à la mort du roi.

Notons pourtant que leur pouvoir est tenu en échec par un conseil dont le premier ministre est Mazarin.[33]

Louis permet à Gaston de faire venir sa femme de Bruxelles et le 14 mai, il rend l'âme. Le 18, la reine est déclarée régente et Gaston lieutenant général. Marguerite rentre en France et, après une lutte acharnée, consent à avoir son mariage réaffirmé "en tant que besoin serait," cette expression étant ajoutée pour sauver l'honneur, puisqu'il y a longtemps que ce mariage est consommé.[34] Quelques jours après, elle s'installe au palais du Luxembourg.

Jusqu'à sa rentrée en France, Tristan n'a été qu'un gentilhomme qui se délasse de temps en temps en faisant des vers. Maintenant que le ralentissement des intrigues de son maître le lui permet, il s'adonne à son premier amour, le théâtre.[35] *La Mariane*, son coup d'essai dans le genre dramatique, est un coup de maître. Corneille, louant Mademoiselle de Cosnard de

---

[33] Cette déclaration importante a été publiée par Victor Cousin, *Madame de Chevreuse* (Paris: Didier, 1876), pp. 471-76.
[34] Goulas, *Mémoires*, I, 454-55.
[35] Voir *Le Page disgracié*, livre I, chapitre IX.

Ses, l'auteur des *Chastes Martirs,* aurait bien pu avoir Tristan en vue:

> Et que ton coup d'essai, si digne de mémoire,
> Doit enhardir ta plume à redoubler ta gloire! [36]

Cette tragédie "renouvelle" le sujet de Mariane "sur les pas du défunt sieur Hardy," dit Corneille dans son avis au lecteur de sa *Sophonisbe.*[37]

Représentée pour la première fois au Théâtre du Marais au printemps de 1636, la pièce a un succès éclatant, dû peut-être un peu à l'art de Mondory, succès qui dure tout le reste du siècle. *Le Roman comique* nous la montre même en province, où trois acteurs jouent tous les rôles de la pièce.[38]

Le privilège est du 14 juin 1636, l'achevé d'imprimer du 15 février 1637. Entre ces deux dates, Gaston va commander l'armée royale en Picardie. Aussi, la deuxième édition de *La Mariane* corrige-t-elle une erreur de tact et est accompagnée de l'ode "Pour Monseigneur Frère du Roi Allant en Picardie commander l'armée de Sa Majesté."

Tristan qui depuis longtemps chante les louanges d'une ingrate, change de discours, car il aime mieux parler de la gloire des armes de Gaston que de la "honte" de ses amours.[39] Il loue

> Ce ieune et glorieux Achille
> A qui tant d'honneur est promis,
> A desia repris vne ville [40]
> Et repoussé les ennemis.[41]

et l'invite à abattre le "Lion Belgique et le superbe Aigle Romain;" [42] mais nous avons bien vu que Gaston se contentera de Roye.

---

[36] Corneille, *Œuvres,* X, 130.
[37] Ibid., VI, 462.
[38] La popularité de cette pièce est encore attestée par le grand nombre d'éditions au dix-septième et au dix-huitième siècles.
[39] Vers 1-10.
[40] Roye, le 18 septembre 1636.
[41] Vers 11-14.
[42] Vers 23-24.

Nous ne parlerons pas de *La Mariane* en général, puisque ce travail a déjà été fait.[43] Nous nous contenterons de jeter un coup d'œil sur des facettes qui reflètent la vie et l'état d'âme de la cour de Gaston.[44]

Dans la quatrième scène du troisième acte, Alexandra, la mère de Mariane se présente pour la première fois. Parlant de sa fille, elle en reconnaît l'innocence:

> On te meine esgorger, innocente victime,
> Tu vas donc au suplice et n'as point fait de crime [45]

mais l'instinct de conservation est le plus fort et elle demande que Dieu "Veille prendre la fille et conseruer la mere" [46] et elle se promet de prendre garde à ne pas se trahir

> Car il faut auiourd-huy pour euiter l'orage
> Trahir ses sentimens, et cacher son courage.[47]

Confrontée par sa fille, elle lui reproche en public un crime dont elle la sait innocente:

> Va, monstre plus cruel que tous ceux de l'Affrique,
> Va recevoir le prix de ta noire pratique,
> Vouloir empoisonner ainsi cruellement,
> Vn mary qui tousiours t'aima si cherement?
> Femme sans pieté, nouuelle Danaïde,
> Inhumaine, traistresse, assassine perfide,
> Qui voulus laschement attenter sur ton Roy,
> Ie ne te connois point, tu ne viens pas de moy,
> Car de ces trahisons ie ne suis pas capable.[48]

---

[43] Bernardin, pp. 189-93, 316-68; Tristan L'Hermite, *La Mariane* (Paris: Droz, 1939), introduction par J. Madeleine.

[44] Il se peut que la plupart des parallèles dont nous parlerons ne soient que les produits d'une imagination trop féconde. Tout rapprochement non corroboré par un écrit personnel de l'auteur peut sembler gratuit, et nous ne nous défendons pas sur ce point, car les passages suivants ne sont offerts qu'à titre de conjectures.

[45] Vers 1285-86.
[46] Vers 1302.
[47] Vers 1309-10.
[48] Vers 1383-91.

Mariane se contente de répondre "Vous viurez innocente, et ie mourray coupable."[49]

Cette scène, selon la plupart des critiques, manque son effet, et même Bernardin d'ordinaire si généreux envers Tristan, l'admet:

> Par malheur, faute d'avoir préparé cette scène, Tristan n'en a pas tiré tout l'effet qu'elle devait produire. Nous ne connaissons pas encore Alexandra, ce qui est un défaut grave, quand elle vient au quatrième acte.[50]

Notre surprise est aggravée par le ton dénaturé des imprécations de la mère, puis par son repentir

> O lasche stratagesme! ô cruel artifice!
> Ie deuois bien plustost passer pour sa complice,
>   Pour euiter la mort faloit-il recourir,
>   A ce fascheux secret qui me fera mourir?
> Mon cœur triste et glacé qu'vne horreur enuironne,
> Est tout meurtry des coups que la douleur luy donne.
> Mon âme se va rendre à l'excez de ce dueil,
> Ie vay me mettre au lict, ou plustost au Cercueil.[51]

Notons pourtant la réponse de Mariane — "Vous vivrez innocente et je mourrai coupable" — car elle est importante.

Mariane se sait innocente. Elle doit bien croire que sa mère en pense autant puisqu'elle va, le front clair, l'embrasser pour la dernière fois. Puis viennent les imprécations. Même une moins rusée que Mariane verrait que ce n'est qu'un stratagème pour éviter la colère royale, et la réponse semble dire: "Soyez tranquille, mère, je ne trahirai pas votre secret," et, peut-être avec un sourire triste et ironique, la fille va au supplice.

Cette scène — moins le supplice — ressemble de bien près aux relations passées entre Gaston et sa mère dans lesquelles cette dernière dissimule ses sentiments derrière un masque réprobateur,[52] sacrifiant ses émotions à la cause. La puissance du

---

[49] Vers 1392.
[50] *Tristan*, p. 334.
[51] Vers 1395-1402.
[52] Nous avons parlé de cette situation au deuxième chapitre.

caractère d'Alexandra prend alors une forme nouvelle et il se peut très bien que Tristan — et ses contemporains — se soient rendu compte de ce rapprochement.

La Mariane marque surtout le renouveau de la tragédie de caractère et c'est dans les traits des personnages que nous retrouvons la cour de Gaston.

Salome et Pherore, parvenus comme le sont la plupart des favoris de Gaston, ne donnent que de mauvais conseils, guidés par la rancune, et Mariane dit à son accusateur:

> De bon cœur ie pardonne à ta mauuaise foy,
> Tu sers par interest de plus meschans que toy,
> Cette iniure est contrainte et n'a rien qui me fasche,
> De tous mes ennemis tu n'es pas le plus lasche.[53]

Hérode, comme Gaston, est un radeau sans gouvernail, lancé par de fortes passions et poussé par de mauvais conseillers. Tristan, en mettant les derniers vers de la pièce dans la bouche de Narbal, a bien pu penser à Gaston:

> O Prince pitoyable en tes grandes douleurs!
> Toy mesme és l'Artisan de tes propres mal-heurs,
> Ton amour, tes soupçons, ta crainte et ta colere
> Ont offusqué ta gloire, et causé ta misere:
> Tu sçais donner des loix à tant de Nations,
> Et ne sçais pas regner dessus tes passions.
> Mais les meilleurs exprits font des fautes extrémes,
> Et les Rois bien souuent sont esclaues d'eux-mesmes.[54]

En 1639, François Chatonnières de Grenaille [55] arrive à Paris, y publie, chez Paslé, *L'Innocent malheureux, ou la mort de Crispe,* devient le protégé de Gaston, puis son historiographe.[56] Dans la préface de *l'Innocent malheureux*, il demande pardon au public de ne pas avoir écrit un ouvrage poli: "... ayant produit cet Ouvrage à la Campagne, où je ne voyois

---

[53] Vers 801-4.
[54] Vers 1805-12.
[55] Né en 1616 à Uzerche, moine à Bordeaux, puis à Agen, il dépose le froc pour venir à Paris exercer la profession d'homme de lettres.
[56] Emile Bourgeois et Louis André dans *Les Sources de l'histoire de France: XVIIe siècle* (Paris: Picard, 1923), III, numéro 1863, le font venir à Paris "vers 1640", mais cela ne peut être, comme nous allons le voir.

ni Poëtes, ni Comédiens, je ne pouvois faire un chef-d'œuvre de Cour. L'unité de tems semble ici plus réguliere."[57] Le "ici" ne peut être que Paris.

La même année, la *Panthée* de Tristan, qui a déjà été jouée en 1637 ou 1638, est publiée chez Courbé, alors imprimeur de Gaston.

La matière en est "stérile"[58] et Tristan est le premier à le reconnaître dans son avertissement: "A peine peut-on s'imaginer qu'il y ait assez de matiere en l'auanture de PANTHEE pour faire deux Actes entiers: c'est vn champ fort estroit et fort sterile, que ie ne pouuois cultiuer qu'ingratement."[59]

Eugène Rigal[60] en voulant défendre Hardy, critique trop Tristan. Selon Rigal, Tristan commet de graves erreurs dont une des pires est de faire de Cyrus un personnage secondaire.[61] Panthée, captive de Cyrus, surpasse le rôle de ce dernier, ainsi que le font Abradate, mari de Panthée, et Araspe, favori de Cyrus et épris de Panthée. Bernardin[62] voit la cause de cette situation et l'explique ainsi: c'est à Mondory que Tristan destine le rôle principal. Or, le rôle de Cyrus est "trop monotone pour permettre à l'acteur de montrer toutes les faces de son talent." Celui d'Abradate n'est qu'occasionnel. Il ne reste donc que celui d'Araspe que Tristan rend des plus dramatiques, témoin les derniers vers du deuxième acte, dans lesquels Araspe se désespère:

> O desordre confus de desseins differens!
> Ie deteste son nom, ie la hay, ie l'abhorre,
> Ie la fuy, ie la crains, et si ie l'ayme encore.
> Ie sens mon feu s'esteindre, et puis se rallumer,
> Ie ne la puis haïr, ie ne la puis aymer,
> Ie sçay qu'elle est ingrate, et ie la treuue belle,

---

[57] Cité par Parfaict, VI, 86.
[58] François Hédelin, abbé d'Aubignac, *La Pratique du théâtre*, p.p. Pierre Martino (Paris: Champion, 1927), p. 379.
[59] *Panthée*, p.p. Edmond Girard, Cahiers d'un Bibliophile, cahier numéro V (Paris: Maison des Poètes, 1904), sans numéro de page.
[60] *Alexandre Hardy et le théâtre français à la fin du XVIe et au commencement du XVIIe siècle* (Paris: Hachette, 1889).
[61] Pp. 304-8.
[62] P. 382.

> Qu'elle est mon ennemie, et si ie suis pour elle,
> Il faut pour satisfaire à la rigueur du sort
> Guerir de tant de maux par vne seule mort.[63]

Il se peut pourtant que l'importance relative des rôles, et leur lustre, soient dûs à une autre cause, elle aussi inséparable du moment et du milieu. Hardy, dans sa *Panthée*, fait ressortir la trahison de Panthée et d'Abradate qui, menés par la gratitude, se sont joints à Cyrus, contre leur pays natal. Il nous montre les deux coupables punis pour ce crime. Tristan, au contraire, amoindrit cette face de la culpabilité de Panthée et de son mari, et pour cause. Abradate, pour l'amour de sa femme, a porté les armes contre sa patrie. Gaston a fait de même. Il s'agit donc d'amoindrir autant que possible la noirceur de ce geste. Tristan, en rendant les rôles de Cyrus et d'Abradate subalternes, a bien réussi à ce jeu diplomatique. La "Chaste Panthée" devient alors la "Chaste Marguerite." Araspe est non seulement un rôle qui sied au premier comédien de l'heure, mais aussi un instrument qui fait ressortir la chasteté de l'héroïne tout en amoindrissant sa culpabilité politique. En effet, l'intérêt de la pièce n'est plus la trahison de Panthée, mais la passion d'Araspe et la quasi sainteté de la jeune femme qui le repousse. Notons que la pièce est dédiée à Henri de Lorraine, parent de Marguerite.

A côté des chefs-d'œuvre de cet amateur noble, il est curieux de voir la piètre production du libraire de Gaston, La Serre, qui lui, n'est pas amateur, puisque c'est par les lettres qu'il gagne sa vie.

Vers 1641 La Serre "desserre" la première de ses pièces depuis *Pyrame*. Représentée probablement en 1641, la tragédie en prose *Thomas Morus* porte un privilège d'octobre 1641 et un achevé d'imprimer de janvier 1642.[64] A la première représentation, il y a tant de monde que quatre portiers sont étouffés. Richelieu pleure à toutes les représentations auxquelles il assiste.[65] Dans sa préface, La Serre dit qu'il a épuré l'ouvrage

---

[63] Acte II, scène 3.
[64] *Thomas Morus, ou le triomphe de la foy et la constance* (Paris: Courbé, 1642).
[65] Voir Gabriel Guérit, *Le Parnasse réformé* (Paris: Jolly, 1671), pp. 48-49.

avant de le présenter afin que l'on n'y trouve rien de profane; cela se peut, mais cette pièce n'en reste pas moins une des plus hardies du siècle. On se demande comment elle a pu recevoir un privilège car, si, du point de vue religieux, c'est une œuvre de constance et de foi, du point de vue politique, elle touche de près au crime de lèse-majesté. Il est vrai que les personnages sont plus ou moins innocentés, et même c'est ce qui gâte la pièce, car Anne Boleyn — Arténice — est si sympathique que l'on voit le départ de la reine et la mort de Thomas sans aucun regret.

On a le droit de se demander comment Gaston, que le problème du pouvoir absolu du roi — surtout au sujet de la dissolution d'un mariage — doit intéresser, a reçu cette pièce. Malheureusement, les documents ne nous renseignent pas. Mais on n'a qu'à jeter un regard sur un passage typique pour imaginer la réaction du frère du roi. Voici, par exemple une scène entre Clorimène — la fille de Thomas — et le roi:

> Le Roi: Un roi commande ce qu'il veut.
> Clorimène: Un homme de bien fait ce qu'il doit.
> Le Roi: Est-ce le devoir d'un sujet de s'opposer aux desseins de son prince?
> Clorimène: Est-ce le devoir d'un prince d'imposer des lois pleines d'impiété et de sacrilège?
> Le Roi: J'ai fait ce qui m'a plu.
> Clorimène: Et lui ce qui estoit juste.[66]

Peut-être déjà présentée en 1641, la tragédie du *Sac de Carthage* — encore une pièce de La Serre — est imprimée à Paris chez Villery et Alliot en 1642. Elle ne vaut ni l'impression ni la représentation et ne se distingue que par l'excessive longueur des tirades. Le fond d'une autre tragédie en prose de La Serre, *Le Martyre de Sainte Catherine*,[67] est sans doute plus édifiant, "mais les détails en sont bien froids et bien ennuy-

---

[66] Acte V, scène 8, cité par L. A. Hill, *Tudors in French Drama* (Baltimore: Johns Hopkins Press, 1932), pp. 28-29.
[67] (Paris: Sommaville et Courbé, 1643).

eux." [68] Le Serre nous fait assister à la conversion de tous les personnages, ce qui nous vaut une quantité infinie d'arguments philosophiques. *Climène*,[69] tragi-comédie du même auteur, ne vaut guère mieux. "The prose dialogue is tedious, antithetical, and affected. The only thing for which this dull play deserves to be remembered is the hero's choice of a powder magazine as a place of safety during a conflagration!" [70] Ajoutons que c'est la seule pièce de La Serre dont nous ne sachions pas la source, à moins que l'on ne veuille voir dans les aventures amoureuses de Poliarque celles de Gaston, et dans la clémence du roi envers l'union de Poliarque et de Climène — d'abord interdite par le roi — la situation analogue touchant Gaston et Marguerite.

Parmi les poètes actifs à la cour de Gaston durant cette période, il n'y en a que deux qui aient publié des recueils particuliers de leurs poésies: Neufgermain et Tristan. Nous ne trouvons des autres que leurs contributions aux recueils collectifs. En 1637, paraît *"le Livre intitulé les Poésies et rencontres du sieur de Neufgermain, poète hétéroclite de Monseigneur, frère unique de Sa Majeste"*. Publié sans nom de libraire, c'est la deuxième partie des poésies de 1630. Pour ce qui est de la qualité et du ton des poèmes qu'il renferme, ce livre est identique à celui de 1630. Néanmoins, un changement de première importance a eu lieu entre ces deux dates: Neufgermain s'est rendu compte que Gaston, par sa frivolité politique et économique, n'est pas le meilleur des mécènes. Sa fréquentation produit autant de tracas que d'argent. Mareschal l'a quitté, La Mesnardière en fera de même, et même Tristan, à bout de patience, ira chercher asile ailleurs vers 1646. Malheureusement pour lui, même s'il a entrée à l'Hôtel de Rambouillet dont le maître s'amuse à ses dépens, Neufgermain n'a pas de mécène vraiment sérieux. Aussi reste-t-il en France, lors de la sortie

---

[68] La Vallière, II, 282.
[69] (Paris: Sommaville et Courbé, 1643).
[70] Lancaster, II, 419.

de Gaston du royaume. Il n'ose pas s'affranchir complètement de Gaston et, lors de la parution de ce second recueil, il se désigne encore le poète "hétéroclite de Monsieur". Malgré ce simulacre, pourtant, on voit facilement qu'il a changé de camp, et Richelieu est le premier à le savoir. Presque tous les poèmes sont à la louange du cardinal et de son entourage ou faits par "commandements de Monseigneur l'Emminentissime Cardinal Duc". Le recueil entier est dédié au cardinal. La perte n'est pas bien grande pour la cour de Gaston, mais l'indication d'insécurité est à remarquer et il se peut que ce soit cet exemple qui conduise d'autres écrivains à faire de même.

Tristan n'en est pas encore là. Mais, comme il n'y a aucun mal à avoir deux cordes à son arc, il écrit, en 1633, un poème qui ne verra le jour qu'en 1635, inséré vers la fin du *Sacrifice des Muses*.[71] Ce sonnet, "Sage et puissant esprit", réimprimé par Bernardin,[72] est un des pires que notre poète ait jamais produits, mais il lui vaut la bienveillance du cardinal, bienveillance que Tristan cultive en louant la nièce de Son Eminence, Madame de Combalet, dans ses *Amours*.[73]

Avec un achevé d'imprimer du 20 mai 1638, *Les Amours de Tristan*[74] voient le jour entre *La Mariane* et *Panthée*. A vrai dire, ce n'est pas une œuvre entièrement nouvelle: des cent quatre pièces des *Amours*, seules soixante-douze paraissent ici pour la première fois; *Les Plaintes d'Acante* de 1633 sont reproduites à la suite des *Amours* ainsi que treize pièces, dont cinq avaient paru ailleurs auparavant.

Les poésies de Tristan sont très personnelles:

> Ie n'escry point icy l'embrazement de Troye,
> Ses larmes, ses souspirs, et ses cris éclatans,
> Ny l'effroy qui saisit ses tristes habitans
> Lors que des Grecs vainqueurs ils se virent la proye.

---

[71] *Sacrifice des muses au grand cardinal de Richelieu* (Paris: Cramoisy, 1635). Ce livre est imprimé grâce aux efforts de Boisrobert, qui veut y réunir tous les éloges en l'honneur du cardinal.
[72] Pp. 177-78.
[73] "Avis à M. de C.", *Plaintes d'Acante*, p. 176.
[74] (Paris: Billaine et Courbé, 1638).

> I'y dépeins seulement les pleurs dont ie me noye,
> Le feu qui me consume, et les deuoirs constans
> Qu'auecque tant de soing i'ay rendus si long temps
> A celle dont l'orgeuil au sepulcre m'enuoye.
>
> Aussi ie n'atten pas que le bruit de mes vers,
> Portant ma renommée au bout de l'Vniuers,
> Estande ma memoire au delà de ma vie:
>
> I'en veux moins acquerir d'honneur que d'amitié;
> Les autres ont dessein de donner de l'enuie,
> Et le point où j'aspire est de faire pitié.⁷⁵

Donc, malgré ses malheurs, Tristan veut rester amateur, et ne songe qu'à se plaindre des cruautés de l'amour. C'est qu'il n'est pas encore dans la misère. Plus tard, il changera de gamme. Dans tout le recueil, il n'y a que quelques vers de la "Misère de l'homme du monde" qui fassent prévoir son découragement:

> Cabaler dans la Cour; puis deuenu grison,
> Se retirant du bruit, attendre en sa maison
> Ce qu'ont nos derniers ans de maux ineuitables.
>
> C'est l'heureux sort de l'homme. O miserable sort! ⁷⁶

N'oublions pas que Tristan a, depuis longtemps, perdu sa charge et que même un gentilhomme doit être soustrait au besoin, s'il veut s'adonner aux lettres:

> Pelletier, tes lettres nouvelles
> Dépitent le temps et le sort;
> C'est de louanges immortelles
> Que l'on en doit payer le port.
> Si mon style était aussi rare,
> Ce siècle, ingrat autant qu'avare,
> Me goûterait avec plaisir,
> Et des grands, qui dorent la lyre,
> J'obtiendrais l'honnête loisir
> Si nécessaire à bien écrire.⁷⁷

---

⁷⁵ *Plaintes d'Acante*, p. 103.
⁷⁶ Ibid., 194.
⁷⁷ Poème liminaire aux *Lettres mêlées du sieur du Pelletier* (Paris: de la Coste, 1642), cité par Bernardin, p. 597.

Trois ans après *Les Amours,* en 1641, chez Courbé, paraît *La Lyre.* A travers un grand nombre de vers personnels on sent que le poète est découragé, voire accablé. Il demande à son ami Chaudebonne de ne pas même se déranger pour lui car,

> Comme on voit après les frimas
> Dont l'hiver glace nos climats,
> La douceur du printemps renaître,
> Mes jours sortiront de leur nuit.[78]

L'ambition lui semble ridicule,[79] la naissance noble une grâce qui, malgré tout, ne peut cacher nos fautes;[80] la seule vertu devient la résignation à la vie présente. Cette résignation lui permet de goûter les plaisirs de la vie et d'accepter sans trop gémir les coups de la destinée. Ses conseils à Madame de Gournay sur la mort de sa fille reflètent ceux de Malherbe:

> Mais si notre Sauveur prit cette fleur nouvelle
> Pour en parer les cieux et la rendre immortelle,
> Quelle raison vous porte à verser tant de pleurs?[81]

Il y a loin de cette muse morose à la jovialité de Voiture. Ce dernier est poète par profession et doit plaire. Ses plaintes les plus amères font sourire; elles paient son écot.

Quoique ses œuvres ne soient réunies qu'après sa mort, Voiture est un des poètes les plus actifs à la cour de Gaston.[82] Vers la fin de 1634, il se joint à ceux qui médisent de l'intimité du cardinal avec sa nièce, Mme de Combalet:

> Elle est bonne et habile,
> Et, de plus, n'est pas mal

---

[78] *La Lyre,* p. 68.
[79] Ibid., p. 115.
[80] Ibid., pp. 76-77
[81] Ibid., p. 158.
[82] De toutes ses poésies publiées dans les recueils collectifs de cette période — voir Lachèvre, *Bibliographie des recueils,* II, 501-3 — il n'y en a que trois, non signées, qu'Ubicini n'a pas insérées dans son édition des œuvres de Voiture. De ces trois, deux sont des variantes du rondeau "Pour vos beaux yeux qui me vont consumant".

Avec le cardinal,
Comme on dit par la ville [83]

et, pour se racheter, écrit les "Stances à la louange d'un soulier d'une dame" dans lesquelles il flatte l'ambition de Mme de Combalet que son oncle veut marier à Gaston s'il parvient à faire rompre le mariage de Lorraine.[84]

Peu après, le poète est récompensé par une dignité nouvelle, la charge de maître d'hôtel de Madame. Il est vrai que, tant que Louis refuse de reconnaître le mariage de Gaston, cette charge est fictive, mais, que ce soit Marguerite ou la nièce du cardinal, qu'importe? Il a sa charge, qui vaut mille écus.[85] Le 5 janvier, il écrit à sa bienfaitrice, souhaitant qu'elle soit bientôt la maîtresse qu'il doit servir, grâce à sa nouvelle charge.[86] Pour un suivant de Gaston, c'est beaucoup oser.

Gaston est alors occupé à faire la navette entre Paris et Blois. Voiture, à Paris, craignant d'être rappelé à Blois, ne veut pas y perdre son amourette et, à la suite de plusieurs lettres brûlantes à "Mademoiselle de V...," il lui envoie "La Belle Matineuse," à l'imitation du sonnet d'Annibal Caro. C'est ainsi que la "Querelle de la belle Matineuse" est due au péripatétisme de Gaston.

Le plus important des chansonniers de la cour de Gaston, et le plus fameux grâce à l'œuvre de Lachèvre [87] est Claude de Chouvigny, baron de Blot l'Eglise. Il a dû entrer chez Gaston comme page, mais il ne figure pas dans l'état de sa maison en 1627. Ce n'est que plus tard qu'il deviendra gentilhomme du prince auquel il est lié de bonne heure par une étroite amitié. Notons, pourtant qu'en 1642, il est chambellan de Gaston et qu'en 1644, il ne figure plus dans l'état. Néanmoins, il reste chez son maître jusqu'à sa mort, en 1655. Si Blot veut bien se passer de charge, c'est qu'il reçoit, dès 1640, une pension de trois mille livres — un gentilhomme servant n'en reçoit que

---

[83] Œuvres, II, 357.
[84] Nous avons déjà cité ce poème en partie à la page 55.
[85] Œuvres, I, 246.
[86] Ibid., pp. 247-48.
[87] Lachèvre, *Le Libertinage au XVIIe siècle*, vol. VI: *Les Chanson libertines de Claude de Chouvigny*.

mille — et que son indépendance lui fait secouer la moindre contrainte.⁸⁸ Il vilipende Gaston autant que ses adversaires:

> De tous les Princes de la terre
> Gaston est le plus malheureux:
> Ses armes ne sont que de verre,
> Ses coups ne sont pas dangereux,
> Il est vaillant comme fidèle,
> N'est-ce pas un fort beau modèle? ⁸⁹

Ce prince ne se fâche que lorsque l'imprudence de Blot gâche une de ses amourettes en ébruitant l'affaire jusqu'alors secrète:

> Monsieur dit à la Ribaudon:
> « Si tu veux, Belle, nous ferons
> Tuton, tuton, tutaine,
>   Tutu,
> Et ton mari cocu ».⁹⁰

Gaston, outré, le chasse, mais le reprend bientôt après.⁹¹

Mais, si Blot sait s'amuser en se moquant de son maître, il sait aussi le venger, même s'il ne le fait que sur le tombeau de l'ennemi:

> Le Cardinal est mort, je vous assure,
> Oh! le grand mal pour la race future!
>   Mais,
> La présente, je vous jure,
> Ne s'en faschera jamais.
>
> Il a vescu d'une vie non commune,
> Qui l'a quitté plus tost que la fortune;
>   Mais,
> Que deviendra sa pécune,
> Nous ne la verrons jamais.

---

⁸⁸ Ibid., p. xxi.
⁸⁹ Ibid., p. xvi.
⁹⁰ Ibid., p. xviii.
⁹¹ Ibid.

> S'il eust vescu, Gaston de haut mérite,
> Nous eussions veu renverser la marmite;
> > Mais,
> Donnons-luy de l'eau bénite,
> Et qu'on n'en parle jamais.[92]

Avant de condamner cet écho d'amertume, il faut se rendre compte de la longue et pénible tyrannie que le cardinal a exercée sur cette cour qu'il a acculée à l'exil et à la misère. La cour de Gaston, une fois purgé de ce fiel — ce qui n'arrive qu'après la Fronde — verra un bref âge d'or.

Le 18 février 1635, Gaston et sa cour "tous richement vestus à l'antique, et couverts de broderie d'or et d'argent," [93] représentent les courtisans de la vieille cour au ballet du roi "pour les triomphes de sa majesté," [94] c'est-à-dire pour célébrer la rentrée piteuse de Gaston au bercail.

Dix jours plus tard, le 27, Mademoiselle danse le ballet des "Quatres Monarchies chrestiennes" devant le roi, la reine, Gaston, et toute la cour, car elle a "un passionné désir de témoigner au Roy la joye qu'elle ressentoit du bienheureux retour de Monsieur." [95] Le succès du ballet est probablement dû à la musique de Moulinié [96] et à la conclusion à laquelle tout bon courtisan se rend facilement: on ne hue pas un ballet dans lequel quatre pays se prosternent pour porter Louis XIII aux nues:

> Les Dieux, ô digne Roy
> Ont-ils des qualitez plus divines que toy? [97]

---

[92] Ibid., p. xxii.
[93] Lacroix, V, 62.
[94] Ibid., p. 55.
[95] Ibid., p. 91.
[96] Etienne Moulinié, né en Languedoc au début du siècle. Il s'établit à Paris en 1626 et devient directeur de la musique de Gaston, poste qu'il garde jusqu'à la mort de ce dernier. En 1635 il est chef de la chapelle de Gaston. Une grande partie de ses compositions sont des airs de cour et des ballets dont les vers sont de Perrin. Après la mort de son maître, Moulinié revient en Languedoc où il vit encore en 1668, année de la publication de *Six Livres d'airs* chez Ballard, à Paris.
[97] Lacroix, V, 108.

Autrement, comment expliquer qu'un livret fade et ennuyeux puisse plaire à une cour qui s'amuse à voir des ballets comme celui du "Mail de l'Arsenal." [98]

En 1638, dans son hôtel à Tours, Gaston danse le "Ballet du Mariage de Pierre de Provence et de la belle Maguelonne." Le cardinal, entendant parler du grand succès du ballet, veut le voir représenter. Gaston se prêtant volontiers au désir de Richelieu, le ballet est dansé à Paris et réimprimé à cette occasion sous ce titre: "Le Grand ballet de Monsieur, frère unique du Roy, dansé devant Sa Majesté et devant monseigneur l'eminentissime duc de Richelieu." [99]

Le livret du ballet n'est pas signé. Tristan, représentant l'interprète d'un Juif-errant, y a un mince rôle, mais ce qui nous fait penser que ce ballet est de lui est le mot que l'auteur met dans la bouche du sieur Brotin: "Un suivant d'ordinaire est mal récompensé." [100] C'est un lieu commun, il est vrai, mais qui devient bien vite la rengaine favorite de Tristan.

La chasteté relative de ce ballet, montre bien que Gaston, tout dévergondé qu'il est, ne l'est pas plus que ne l'est la majorité de la cour royale, y compris Anne et Richelieu, qui se plaisent aux obscénités du ballet du "Mail de l'Arsenal."

Quand, en 1635, l'Académie est officiellement établie par édit du roi, plusieurs fauteuils sont occupés par des membres de l'entourage de Gaston.[101] D'autres sont occupés par des familiers de la cour de Gaston: Baro, Faret, et Bourbon, par exemple. Au nombre des académiciens membres de la maison de Gaston se trouvent Voiture, Vaugelas, Boissat et Tristan. Boissat prononce son discours de réception — le seizième — le 6 août 1635. Voiture est désigné pour prononcer son discours la semaine suivante mais, étant en province, il doit s'y dérober.

---

[98] Ibid., pp. 199-203. A en croire ce ballet qui est des plus obscènes, le Mail de l'Arsenal devait être alors le lieu favori pour les rendez-vous amoureux.
[99] (Paris: Quinet, 1638).
[100] Lacroix, V, 192.
[101] Balthazar Baro n'est pas, selon nous, membre de la maison de Gaston, comme le maintient Magne dans son œuvre précitée sur Voiture, II, 244. Il est plutôt de la maison de Mademoiselle.

Ce ne sera pas la dernière fois qu'il fera l'école buissonnière et quand, en 1640, il cherche à sortir d'embarras en demandant une sinécure au cardinal, ce dernier se contente de lui donner un ultimatum : assister aux séances de l'Académie ou en être chassé.[102] Voiture, de peur de s'attirer un si formidable adversaire, se soumet.[103] Néanmoins, ses relations avec l'Académie restent très relâchées. S'il se mêle aux débats, s'est pour s'en moquer. En 1637, il se moque du débat sur le mot "car" dont l'auteur de *Polexandre* se vante de s'être passé en écrivant son roman. Ses remarques [104] ne perdront jamais leur valeur :

> Je ne sais pour quel intérêt ils tâchent d'ôter à *car* ce qui lui appartient pour le donner à *pour ce que,* ni pourquoi ils veulent dire avec trois mots ce qu'ils peuvent dire avec trois lettres.

Vers la même date, l'Hôtel de Rambouillet se divise en deux camps à propos de la question de savoir s'il faut dire "muscadin" ou "muscardin." L'Académie s'en mêlant, et décidant pour "muscadin," Voiture écrit cette bouffonnerie :

> Au siècle des vieux palardins,
> Soit courtisans, soit citardins,
> Femmes de cour, ou citardines,
> Prononçoient toujours muscardins,
> Et balardins et balardines.
> Même l'on dit, qu'en ce temps-là
> Chacun disoit rose muscarde ;
> J'en dirois bien plus que cela :
> Mais, par ma foi, je suis malarde,
> Et même, en ce moment, voilà
> Que l'on m'apporte une panarde.[105]

Vaugelas, au contraire, est très assidu. Il répond au désir d'érudition de Gaston comme Voiture répond à son désir d'esprit. Mais on voit bien que Voiture, intransigeant en matière d'esprit et de goût, ne savoure pas les séances pédantes

---

[102] Chapelain, I, 613.
[103] Ibid., p. 644.
[104] Lettre à Mademoiselle de Rambouillet, *Œuvres*, I, 293-96.
[105] *Œuvres*, II, 430.

de l'Académie autant que Vaugelas qui se pique de se connaître en beau langage. Courtisan de Gaston, Vaugelas sait, pourtant, employer ce don pour amuser.[106] Appelé, avec Boissat et Voiture, dès la formation de l'Académie, à y siéger, Vaugelas se distingue par son esprit. Ruiné par ses longs séjours à l'étranger à la suite de Gaston, il se fait solliciteur, quêteur d'avis et dénonciateur de crimes.[107] Ce n'est qu'en promettant à Richelieu de préparer le dictionnaire de l'Académie — travail dont la lenteur désespère le Cardinal — qu'il reçoit de nouveau une pension. Le Cardinal n'aime pas notre homme, mais il tient à son dictionnaire et le veut à tout prix. Dès le début des séances, Vaugelas fait circuler des remarques qu'il a écrites sur la langue française. Elles ne seront publiées qu'en 1647, mais il faut les classer comme étant des œuvres de la présente période.[108]

Richelieu, qui se fait bien tirer la jambe avant d'accepter la candidature de Vaugelas, n'en fait pas autant pour Boissat. Après avoir essayé en vain d'attirer ce dernier à lui, il estime sa valeur poétique et militaire plus qu'il ne déteste sa fidélité à Gaston, et admet Boissat à l'Académie sans façons. Mais, en 1637, Boissat visite son pays natal et, à un bal à Grenoble, il fait des plaisanteries sur la comtesse de Sault. Le mari de cette dame le fait bâtonner. L'affaire est réglée, mais Boissat ne s'en remet pas. L'année suivante il se retire et devient dévot jusqu'à en devenir ridicule.[109]

Les œuvres en prose de Tristan sont assez nombreuses, mais de peu d'importance pour notre étude. En 1637, il publie ses *Principes de cosmographie,* en 1642, ses *Lettres meslées,* et, en 1643, son *Page disgracié,*[110] mais ces œuvres ne touchent guère ses relations avec la cour de Gaston. Les lettres sont trop personnelles et le roman, qui est trop connu pour que l'on s'y arrête ici, ne décrit que les années de jeunesse de l'auteur.

---

[106] Chapelain, I, 340.
[107] Ibid., p. 293.
[108] Voir, sur Vaugelas, l'introduction par Jeanne Streicher à l'édition de 1934 des *Remarques* (Paris: Droz).
[109] Voir Pellisson et Olivet, I, 137-46, 513-16; Latreille, passim.
[110] Notons ici que l'attribution à Tristan des *Plaidoyers historiques* est douteuse.

Plus intéressantes sont deux œuvres médiocres de Grenaille, écrites à la mémoire de deux ennemis de Gaston. En 1643, chez Pasle, paraît un in-4° de trente-neuf pages intitulé *Le Mausolée cardinal ou éloge funèbre de feu monseigneur le cardinal, duc de Richelieu, contenant sa naissance, sa vie, sa mort et sa sépulture*. L'auteur loue Richelieu et va même jusqu'à transformer les faits pour arriver à ses fins. Il parle des luttes extérieures du cardinal et des luttes intérieures contre les protestants. Il ne reste muet qu'au sujet des complots formés contre Richelieu par les grands, et notamment par Gaston car, après tout, ce dernier est alors son maître et protecteur. Il en est de même du *Mausolée royal ou éloge funèbre* [111] que Grenaille écrit sous le nom de Chateaunières d'Allegrain. Cette biographie historique tait aussi le piètre rôle joué par le maître de l'auteur. Le roi est mort, enterré, et ses méfaits comme ceux de Gaston sont oubliés. La table est rase.

---

[111] (Paris: Besongne, 1643).

Chapitre V

1643-1652: GASTON ET LA REGENTE

Le 2 septembre 1643 la première cabale des importants est défaite par l'arrestation de M. de Beaufort.[1] Les "importants" sont de jeunes écervelés, anciens amis d'Anne d'Autriche, qui forment une faction, à la tête de laquelle se placent le duc de Beaufort, Mme de Chevreuse, le duc de Guise, et l'évêque d'Orléans, Potier. Cette cabale est marquée par son air mystérieux et sa réelle insignifiance. Le but de ces jeunes gens, selon leurs propres déclarations, est de détacher Anne de Mazarin et de détruire l'œuvre de Richelieu. Mazarin hésite devant la menace, puis fait mener Beaufort au donjon de Vincennes. Il fait exiler Potier et Mme de Chevreuse, et les autres révoltés se dispersent en province. Dans la répression de ce complot, Mazarin se voit secondé par la reine, par Gaston, et par Condé, père du duc d'Enghien.

Mais cette harmonie ne règne pas longtemps. Gaston ne peut souffrir l'arrogance de la famille de Condé et les prétentions de ce dernier aux honneurs dûs seulement à Gaston. Il y a querelle. Quand Gaston reçoit le gouvernement du Languedoc, le duc d'Enghien veut celui de la Champagne.

Au mois de mai, muni d'une grande armée, Gaston part brusquement de Paris, divise son armée en trois corps, les fait avan-

---

[1] Goulas, II, 9; Mathieu Molé, *Mémoires* (Paris: Renouard, 1855-57), III, 87-93.

cer "par trois endroits assez éloignés l'un de l'autre [Amiens, Abbeville et Péronne] pour couvrir son dessein" qui est la prise de Gravelines, place forte occupée par les Espagnols.² Ces troupes sont réunies subitement autour de Gravelines. Ce coup de maître est rendu possible grâce à la ruse de Gaston qui, sachant sa femme bavarde, et sachant que le confesseur de sa femme est un espion espagnol, fait croire à Marguerite qu'il veut assiéger Cambray. Aussi les Espagnols jettent-ils trois mille hommes dans Cambray tandis que Gaston assiège Gravelines. Il faut ajouter que la maladresse des maréchaux de Gaston qui se jalousent rend ce siège plus meurtrier qu'il ne fallait et en ôte beaucoup de gloire. La ville capitule le 28 juillet et, le 2 août le roi assiste à un *Te Deum* à Notre Dame en l'honneur de cette occasion. Gaston espère avoir, une fois pour toutes, éclipsé les faits d'armes du duc d'Enghien, mais il n'en est rien. Le seul plaisir qu'il reçoit est que le roi n'assiste pas au *Te Deum* chanté à Notre Dame le 28 août pour célébrer la victoire du duc d'Enghien à Fribourg.³

De retour à la cour, Gaston s'amourache d'une fille d'honneur de la reine, Marie Stuert de Caussade de Saint-Maigrin,

> Qui se défend trop mieux que Graveline,
> Car conquerans Graveline prise ont
> Qui Saint-Maigrin possible ne prendront.⁴

Madame, nonobstant la résistance de la jeune fille, lui en veut d'avoir plu à Gaston.

Le 28 mai, Gaston part pour l'armée où il assiste à la campagne de Flandre et ne rentre même pas quand Madame est accouchée, le 28 juillet, d'une fille, Marguerite-Louise d'Orléans, celle qui épousera, en 1661, Cosme de Médicis, grand-duc de Toscane. Gaston ne rentre à la cour qu'à la fin de la campagne et même les efforts de M. le Prince ne parviennent pas à semer la discorde entre Anne d'Autriche et son beau-frère.

La saison suivante, Gaston se remet en campagne et, après

---

² Goulas, II, 29.
³ Ibid., p. 42.
⁴ Recueil de Maurepas, II, 301, cité par Goulas, II, 50.

quelques victoires, revient à la cour. Pendant que le duc d'Enghién prend Dunkerque — prise que Gaston, par ses victoires, a rendue possible — Gaston troque Mlle de Saint-Maigrin contre une suivante de Madame, Mlle de Saujon. Madame accouche, le 26 décembre 1646, d'Elisabeth d'Orléans.[5] Gaston, ne sachant que faire de filles, ne s'en occupe pas et perd des fortunes au jeu.[6] Néanmoins, il refuse de s'allier à la couronne de Portugal — le roi du Portugal demande alors la main de Mademoiselle pour son fils — et de Naples, "persuadé qu'un duc d'Orléans en France n'étoit pas moins grand seigneur qu'un roy à Naples ou à Lisbonne, dont la couronne est contestée."[7] D'ailleurs, le roi tombe malade vers la fin de 1647 et Gaston va jusqu'à se laisser saluer comme le futur roi:

La maladie du roy de la petite vérole l'avoit mis en très grand péril, dont Monsieur avoit tesmoigné allégresse, le petit Monsieur estant chez M. de Mauroy tout languissant, jusque là que, Monsieur soupant chez Fromont avec M. de la Rivière, on avoit bu à la santé de Gaston Ier.[8]

Aussi, en 1648, malgré les bons services que Gaston rend à la couronne lors de ses débats avec le parlement, Mazarin parvient à semer les premiers grains de la discorde qui séparera Gaston de sa belle-sœur. Les querelles entre Gaston d'un côté et la reine et Mazarin de l'autre se renouvellent sans cesse.

Richelieu avait été tyrannique, mais on le lui avait pardonné parce qu'il "agissoit avec prudence et conduite."[9] Mazarin semble plus tyrannique encore que Richelieu qui était, sinon acceptable, du moins admirable par la force de son administration.

Tout odieux qu'il puisse être, le souvenir de Richelieu s'impose et ce souvenir est aussi nuisible à Mazarin qu'à Napoléon III le sera celui de son oncle. Napoléon III n'a pas renié

---

[5] C'est Mlle d'Alençon qui, en 1667, épousera Louis-Joseph de Lorraine, duc de Guise.
[6] Goulas, II, 211-12.
[7] Ibid., p. 249.
[8] Olivier Lefèvre d'Ormesson, *Journal* (Paris: Imprimerie Impériale, 1860), I, 397.
[9] Ibid., p. 578.

le legs de son prédécesseur. Mazarin n'a pas renié le legs du sien. Le Tiers-Etat, au dix-septième siècle, est plus monarchiste que la Cour: à la réunion des Etats-Généraux de 1614-15 c'est le Tiers-Etat qui soutient la thèse que le roi ne tient sa couronne que de Dieu, et c'est la Cour qui s'y oppose. La Fronde n'est donc pas anti-monarchique, elle n'est pas anti-absolutiste, elle est simplement contre l'incapacité et le manque de fermeté de Mazarin et d'Anne d'Autriche.[10]

Vers la fin de 1648, Mazarin se rend compte de la portée du mouvement: le 24 septembre, Condé et Gaston invitent les magistrats à une conférence dans laquelle Mazarin voit la préparation de sa défaite. Ce qu'il ne voit pas, c'est que d'anciens ennemis s'unissent, formant "une compagnie fermée, vivant sur une longue tradition, agissant pour des intérêts propres à l'ensemble de ces membres et surpassant les individus" qui la composent.[11] Il ne voit pas non plus que l'action parlementaire française est aussi pro-monarchique que celle de l'Angleterre est révolutionnaire et, lors des nouvelles alarmantes d'outre-Manche, il se décide à quitter Paris avec le jeune roi et la reine-mère. C'est cette peur inutile qui précipite la guerre civile. Dans la nuit du 5 au 6 janvier 1649 la famille royale quitte Paris pour Saint-Germain-en-Laye [12] et le lendemain le siège de Paris commence. Gaston et Condé, après délibération, se rangent avec le roi.[13] C'est encore Gaston qui revient à Paris et qui persuade à la famille royale de faire de même. Fidèle à la couronne, il sait convaincre la reine de faire la sourde oreille aux terreurs de Mazarin. Il lutte contre l'influence de Mazarin, mais sans nuire au roi. Il y a peu de grands qui puissent se louer d'en avoir fait autant. Gaston joue, pendant la plus grande partie de la Fronde, un rôle exemplaire. Il refuse de se ranger avec les princes rebelles, ne voulant pas tremper la France dans un bain de sang; on ne reconnaît plus en ce diplo-

---

[10] Nous ne nous arrêterons pas ici sur la Fronde telle quelle. Nous ne voulons toucher qu'aux événements auxquels Gaston a pris part.
[11] Ernst H. Kossmann, *La Fronde* (Leiden: Universitaire Pers, 1954), pp. 73-74.
[12] Goulas, III, 5.
[13] Notons que Gaston, en ménageant le parlement dans sa province — le Languedoc — en éloigne la guerre civile qui n'y sévit pas.

mate le violent rebelle d'il y a vingt ans. Et sa haine contre Mazarin ne l'empêche pas de travailler pour la paix. De moins sages veulent l'inciter à prendre part à la révolte:

> Gaston, Gaston, resueille-toy,
> Entends mes cris, assiste-moy,[14]

puis vient la voix du sang:

> Fils d'un Pere si glorieux,
> Qui, par des Conseils genereux,
> Me gouuerna vingt ans sans compagnon ny maistre!
> Dois-je pas esperer que tu feras paroistre,
> Des sentimens pareils à ceux qu'il eut pour lors.[15]

A toutes ces prières de la France, Gaston répond "Je dors."[16] On essaie d'éveiller sa jalousie en lui faisant voir Condé comme un orgueilleux qui aspire au trône.[17] Mais Gaston met de côté même sa jalousie de Condé quand il y va du bien-être de l'état. Mûri par l'âge, il ne cherche plus la gloire de vaines batailles. Ce n'est qu'à bout de patience, voyant qu'il n'y a aucun autre moyen de se défaire de Mazarin, qu'il se décide à "libérer" le roi des mains du cardinal. Même alors, son cœur n'y est pas. Quand, le 8 avril 1652, les troupes du cardinal sont défaites par celles de Gaston, ce dernier défend les feux de joie car, selon lui, les vaincus, comme les vainqueurs, sont Français.[18]

Mazarin, à la prière du roi nouvellement majeur et de la reine-mère, rentre, et Gaston, mécontent, se prépare à joindre Condé dans sa révolte. Le 25 juin, la crise a lieu quand le Parlement refuse la proposition de Gaston qui veut "empêcher la compagnie de traiter avec le roi sans avoir exigé comme

---

[14] *La France parlant à monseigneur le duc d'Orléans endormy* (Paris: s.l., s.d.), p. 3.
[15] Ibid.
[16] Ibid.
[17] Ibid., p. 4.
[18] Célestin Moreau, *Bibliographie des Mazarinades* (Paris: Renouard, 1850), I, 177.

condition préalable l'éloignement de Mazarin."[19] Le 2 juillet les troupes de Condé sont battues quoique la Grande Mademoiselle les sauve en leur faisant ouvrir les portes de Paris. Le 20, le Parlement déclare Gaston lieutenant-général du royaume, "le roi n'étant plus libre sous la domination de Mazarin"[20] mais cet édit n'a de valeur qu'à Paris, malgré une lettre circulaire de Gaston aux gouverneurs des provinces.

Le 13 octobre, Gaston quitte Paris et le 22 se retire à Blois.[21] Le 31 octobre, le traité de Limours est signé entre Gaston et son neveu, Louis XIV. Ce sont vingt-six demandes de Gaston, presque toutes accordées par Louis et dont les principales accordent à Gaston libre mouvement et les troupes qu'il avait avant la Fronde, ainsi que diverses charges et sinécures pour ses amis.[22]

Il est difficile de parler des relations de Gaston avec le théâtre sans mentionner Molière et la "troupe de Monsieur". Le 9 septembre 1644, Tristan livre sa *Mort de Chrispe* à l'Illustre Théâtre entretenu par "Son Altesse Royale."[23] Il est probable que la troupe de Molière ait pris part aux ballets et aux fêtes du palais du Luxembourg, mais il est difficile, voire impossible, de dire si elle y a joué des pièces. Le patronage de Gaston, il faut le dire, ne vaut pas grand-chose. Les pensions ne sont jamais payées. Quand Molière est jeté en prison, en 1645, pour dettes, Gaston retire son patronage tout à fait, de peur de voir son nom associé à une troupe en banqueroute, ce qui ne serait guère avantageux à sa renommée. Ainsi, pendant que Gaston perd des sommes considérables au jeu, la troupe qu'il "entretient" est hébergée au Châtelet.[24] Dans l'acte

---

[19] Kossmann, p. 225.
[20] Ibid., p. 226.
[21] Sur les détails des derniers jours de la Fronde, voir Kossmann, pp. 202-59.
[22] Ces demandes ont été reproduites dans le *Bulletin de la Société de l'Histoire de France* (1834), II, 152-61.
[23] Molière, *Œuvres* (Paris: Hachette, 1875-1907), X, 89 ("Notice biographique sur Molière" par Paul Mesnard).
[24] Eudore Soulié, *Recherches sur Molière et sur sa famille* (Paris: Hachette, 1863), p. 47.

du 13 août, date de la sortie de Molière du Châtelet, il n'y a aucune mention de Gaston, ni de sa protection.[25] Quand la troupe de Molière reviendra à Paris en 1658, elle sera protégé par un autre "Monsieur", le frère de Louis XIV. Entre ces dates, Molière joue en province où il semble avoir une préférence marquée pour Carcassonne et le Languedoc. L. de la Cour de la Pijardière y voit l'espoir, de la part de Molière, "d'y voyager sans obstacle avec l'aide de son protecteur Gaston d'Orléans, 'gouverneur et lieutenant-général pour Sa Majesté en Languedoc.' "[26] Si Gaston ne se soucie pas de sa troupe à Paris en temps de paix, pourquoi ferait-il mieux au fond de la province en pleine Fronde? Si Molière choisit le Languedoc, c'est probablement parce que Gaston a réussi à en exclure la guerre civile. A la cour de Gaston, il n'y a que les quelques années entre la mort de Louis XIII et le début de la Fronde qui voient une production dramatique quelconque. Ceci s'explique de deux manières: la guerre est peu propice aux représentations et Tristan quitte Gaston en 1646.

La Serre écrit — probablement en 1643 — sa dernière tragi-comédie et la publie en 1644.[27] Comme toutes ses œuvres précédentes, *Thésée* est en prose quoique Lancaster ait trouvé un alexandrin à la deuxième scène: "De quoy n'est point capable vne femme irritée."[28] Le style est moins monotone, l'intrigue mieux conduite que dans ses pièces antérieures. Incarnation de la méchanceté, Médée est le personnage le plus frappant. Les autres personnages ne l'égalent pas en relief.

Peut-être déjà en 1642 ou en 1643, Tristan écrit et fait jouer sa première tragi-comédie, *La Folie du sage*.[29] Il en a probablement pris la matière dans son propre roman, *Le Page disgracié*[30] et donc, dans sa propre vie.

Il est toujours dangereux de tracer un parallèle entre une

---

[25] Ibid., pp. 189-90.
[26] "Comédiens de Campagne à Carcassonne en 1649 et 1655", *Moliériste* (1880), p. 264.
[27] *Thésée ou le Prince reconnu* (Paris: Sommaville, 1644).
[28] Lancaster, II, 651.
[29] (Paris: Quinet, 1645).
[30] Bernardin, pp. 402-3.

pièce et le milieu dont elle sort, mais il y a quelques points qui valent d'être relevés. La dédicace à Marguerite est pleine d'allusions aux difficultés qui ont été mises entre elle et son mari lors de leur mariage.[31] Tristan y dit même que:

> La France espere, MADAME, qu'en suite de ces grands progrez où vostre piété prend part: Vos ALTESSES ROYALES auront quelque fruict de leurs chastes affections: et qu'on verra naistre de vostre lict vn nouueau suport de ceste Couronne.[32]

Ce soutien — inutile depuis la naissance de Louis XIV et de son frère — ne viendra pas.[33] Il est assez facile de voir, dans les amours contrariés et enfin exaucés de Rosalie, l'heroïne de la pièce, ceux de Marguerite. Le roi, dans la pièce et en réalité, s'oppose à l'union de Rosalie et d'Ariste qui est le favori du roi. Les raisons, bien sûr, sont différentes: il serait difficile d'attribuer une passion quelconque à Louis XIII, alors que Tristan nous peint un monarque violent et volage

> Sçais-tu pas la façon dont il trompa Lucile
> Que sous ce beau pretexte il trouua si facile?
> L'hymen l'empescha-t'il de la quitter après?
> Le perfide fut-il touché de ses regrets?
> Lors qu'il l'eut confinée en vn coin de la Corse
> Et formé sans raison cet indigne divorce?[34]

qui serait plutôt Gaston que Louis XIII. Tout parallèle est-il donc impossible? Non. Les personnages ne sont pas d'un relief égal. Le caractère du roi n'est qu'esquissé, vague. A part sa passion, il est indéfini. Ariste, au contraire, est forcé de soumettre sa passion à l'obéissance. Il ne peut soulever un pays entier contre son roi pour une cause aussi personnelle, mais il n'en reste pas moins amoureux. En ceci, il ressemble à Gaston qui,

---

[31] Pp. 3-4.
[32] Ibid., p. 5.
[33] Entre 1645 et 1648, Marguerite met au monde trois filles. En 1650, c'est un garçon, mais il meurt en bas âge. Le cinquième et dernier enfant est encore une fille.
[34] Vers 533-38.

loin d'être dans la situation précaire d'Ariste, n'a pas peur de fomenter une guerre civile en raison de son amour.

Quant à Rosalie, que les frères Parfaict trouvent "piquée d'une constance romanesque,"[35] c'est une des grandes amoureuses du siècle, qui préférerait mourir plutôt que d'épouser un homme qu'elle n'aime pas. C'est encore Marguerite qui, dans le milieu de Gaston, se rapproche le plus du caractère de cette amoureuse.

Jouée probablement vers 1643, munie d'un privilège d'octobre 1644, *La Mort de Sénèque* est publiée en 1645 chez Quinet. Il est difficile de savoir si cette pièce a fait ses débuts à l'aide des acteurs de l'Illustre Théâtre.[36] Si, dans *La Mariane*, on voit en Tristan un précurseur de Racine, dans *La Mort de Sénèque* il apparaît comme un faible émule de Shakespeare. Toute comparaison à Shakespeare est dangereuse à l'auteur qui en est l'objet et qui se voit écrasé par le génie de l'Anglais. Néanmoins, il sied de voir en quoi Tristan se rapproche de Shakespeare. Les unités sont sacrifiées non seulement à la vérité historique, ce qui est permis aux auteurs français de l'époque, mais aussi à la vérité et au réalisme psychologique. Presques toutes les caractérisations sont des chefs-d'œuvre tandis que la plupart des scènes, bien que décousues, sont des joyaux dramatiques purgés de tout élément précieux. La bienséance si nécessaire à la cour de Versailles n'est pas encore de rigueur au Palais d'Orléans. "Le roi est mort, vive le roi." Louis XIII et ses rigueurs dévotes ne sont plus. *La Mort de Sénèque*, à la veille de la Fronde, reflète un âge turbulent, violent, où l'homme a perdu l'aplomb et la confiance en soi de la Renaissance et où il n'a pas encore revêtu le masque de la prestance classique. Les désirs à Versailles se mueront en renoncement.[37] La rencontre de l'échec, chez Racine, se mue en christianisme. Chez le Tristan de 1645, il produit la rage. On n'a qu'à comparer les dernières

---

[35] VI, 280.
[36] Nous n'admettons pas comme preuves les conjectures de M. Madeleine dans son introduction à l'édition critique de *La Mort de Sénèque* (Paris: Hachette, 1919).
[37] Notons que, dans les arts plastiques, les anges médiévaux se contentent de sourire avec sérénité. A la fin du dix-septième siècle ils tournent leurs regards languissants vers le ciel.

lignes de *Caligula*[38] à celles de *La Mort de Sénèque* pour voir pourquoi cette pièce a encore ses admirateurs:

O Ciel! qui me veux mal et que ie veux brauer,
Des pieges que tu tends on ne se peut sauuer:
Tu prepares pour moy quelque éclat de tonnerre,
Mais auant, ie perdray la moitié de la Terre.[39]

Les scènes de réalisme psychologique que la génération suivante trouvera trop crues sont nombreuses et, comme Shakespeare, Tristan sait apporter le rire dans les scènes les plus tragiques: Procule, capitaine de marine, éconduit par Epicaris, courtisane qui est devenue le cœur du complot contre Néron, la dénonce. Epicaris, rusée, rend son adversaire ridicule:

Epicaris.
Ne me regarde point si tu veux reüssir;
Mes yeux ont vn éclat qui pourroit t'adoucir:
Leurs regards quelquesfois ont calmé ta furie.

Procvle.
Le fait dont il s'agit passe la raillerie,
Il ne se traite point icy de tes appas.

Epicaris.
Dequoy s'agit-il donc? Mais ne te trouble pas.

Procvle.
Voudrois-tu dénier qu'vn soir sur vne riue
Tu vins m'exagerer d'vne façon plaintiue
La peine imaginaire où se trouuoit l'Estat;
Les miseres du Peuple et celles du Senat,
Qui pressé de rigueurs et tout transi de craintes,
N'addressoit à Cesar que vœux au lieu de plaintes:
Bien qu'en son cœur timide il auroit desiré
De le voir dans le Tibre en morceaux dechiré?
Ne dis-tu pas encore que les plus grandes ames

---

[38] Albert Camus, *Le Malentendu* suivi de *Caligula* (Paris: Gallimard, 1944).
[39] Vers 1865-68.

Qui le voyoient plonger en des vices infames,
Attendoient seulement vn Chef pour atterrer
Celuy qui se plaisoit à se deshonorer.

Epicaris.

Ne fust-ce pas vn soir où parlant de seruices,
De larmes, de soûpirs, de maux et de suplices,
Et voulant auancer ta bouche sur mon sein,
Tu receus à plain bravns [sic: bras vn] soûflet de ma main?

Procvle.

Ce fut auparauant.

Epicaris.

O surprise plaisante!
Vn auoeu si naïf de tout soupçon m'exempte:
Il s'est trahy luy-mesme, ô Cesar, qu'en dis-tu!
M'en veut-il pour mon crime, ou bien pour ma vertu? [40]

Il en est de même entre Rufus et Sevinus, deux conjurés qui, par lâcheté se dénoncent l'un l'autre.

Neron.

Rufus, fay-moy raison de ce morne silence.
    Rvfvs *prenant Seuinus au colet.*
Parle auant qu'on t'entraine auecque violence:
Nomme les Conjurez.

Sevinvs.

    Ne presse point ma foy:
Si tu me fais parler, ie parleray de toy.

Rvfvs.

Nomme-les, nomme-les!

Sevinvs.

    O l'impudence extrême!
Que ne te resous-tu de les nommer toy mesme.

Neron.

Escoutons!

---

[40] Vers 801-26.

Rvfvs.
Moy, meschant? ie suis homme de bien!

Sevinvs.
Ouy, toy; denonce-les; tu les cognois fort bien;
Nul n'est plus suffisant d'en dire des nouuelles.

Neron.
On a donc corrompu mes gens les plus fidelles!
Rvfvs faisant signe à Seuinus.
Imposteur, garde-toy d'offencer la Vertu.

Sevinvs.
Rufus, il n'est plus temps, pourquoy me pressois-tu?

Neron.
Tigillin, Tigillin, as-tu veu l'artifice?
Qu'on se iette sur luy, gardes, qu'on les saisisse.

Rvfvs.
Cesar, escoute moy!

Neron.
Ie ne t'escoute plus,
Tu feras desormais des signes superflus.[41]

Les longs monologues qui nous donnent une si juste idée du caractère des personnages sont séparés par des scènes d'une violence théâtrale jusqu'alors inconnue au dix-septième siècle. Qu'y a-t-il de plus féroce que l'entrevue des deux rivales, Sabine Popée, la femme de Néron, et Epicaris, l'affranchie, toutes deux, au fond, anciennes courtisanes?

Sabine.
L'impudente, la terre est-elle bien capable
De porter vn moment ce Monstre insuportable?

Epicaris.
Elle peut sans horreur porter Epicaris,
Puis qu'elle porte bien la femme aux trois maris.

---

[41] Vers 1331-46.

Sabine.
Ta langue pour ce mot sera bien-tost coupée.

Epicaris.
Que deuroit-on couper à Sabine Popée?

Sabine.
Quand tu n'aurois vomy que ce mot seulement,
Tu mourras de cent morts par mon commandement.[42]

Néron intervient, mais il ne peut ébranler Epicaris:

Neron.
Ah! c'est trop! qu'on la liure aux bourreaux inhumains.

Epicaris.
C'est vn [sic] œuvre où Neron peut donc mettre les mains.

Neron.
Entrainez-la, soldats; viste, et qu'on la dechire.

Epicaris.
Possible que ton sort quelque iour sera pire.

Neron.
Meschante, on t'aprendra comme il faut discourir.

Epicaris.
Tiran, ie t'aprendray que ie sçay bien mourir.

Neron.
Qu'on la face mourir du plus cruel suplice.

Epicaris.
Rien ne doit t'empescher de faire ton office.[43]

Et qu'y a-t-il de plus foudroyant que la scène de quatre vers qui termine le deuxième acte?

---

[42] Vers 1715-22.
[43] Vers 1745-52.

Procvle.
Epicaris, vn mot.

Epicaris.
Ie n'ay pas le loisir.

Procvle.
Gardes, que l'on s'auance, il faut vous en saisir.

Epicaris.
Vne fille affranchie, insolemment la prendre?
Quel droit en auez-vous?

Procvle.
On s'en va te l'apprendre.[44]

Ce qui est remarquable, c'est la peinture des caractères. Le sage Sénèque, qui meurt comme il a vécu, en philosophe, Sabine la corrompue, Pauline, vertueuse femme de Sénèque, tous sont peints à merveille par Tristan qui sait accentuer en quelques vers le trait saillant de chaque individu.

Livrée par Tristan aux acteurs de Molière en 1644,[45] *La Mort de Chrispe* voit le jour l'année suivante.[46] Lors de la publication, Tristan ne fait plus partie de la maison de Gaston, comme l'indique la dédicace à la duchesse de Chaulnes, mais il y est encore quand il livre la pièce à la troupe de Molière. Nous reviendrons bientôt sur ce départ de chez Gaston. La tragédie n'a rien en commun avec celle de Grenaille dont nous avons déjà parlé. Tristan a enlevé à Fauste tous ses traits de mégère éhontée. Elle n'avoue pas sa passion à son beau-fils et ne le tue que par accident. Constantin, protecteur de la religion, perd son allure farouche, mais ce n'est que pour en prendre une de piètre médiocrité. La pièce est trop épurée. Elle ne reflète nulle part l'influence du milieu qui nous occupe. Serret y voit "une de ces pièces qui rétrogradent au lieu d'avancer."[47] Nous pré-

---

[44] Vers 719-22.
[45] Jules Loiseleur, *Les Points obscurs de la vie de Molière* (Paris: Liseux, 1877), p. 379.
[46] (Paris: Besongne, 1645).
[47] Ernest Serret, "Un Précurseur de Racine, Tristan L'Hermite", *Le Correspondant* LXXXII (1870), p. 353.

férons y voir une pièce qui a trop vite avancé: elle annonce la phase de Tristan qui produira *Les Heures de la Sainte-Vierge,* mais elle arrive trop tôt pour en avoir la sincérité et la conviction. La génuflexion y est déjà, mais la foi n'y est pas encore.

Gabriel Gilbert, un dramaturge qui fait alors, en toute probabilité, partie de la maison de la duchesse de Rohan, publie, en 1646, une tragi-comédie dédiée à Gaston,[48] et peut-être même commandée par lui.[49] En tout cas, dans l'épître dédicatoire, l'auteur loue son auguste patron en faisant un rapprochement entre lui et le jeune héros de la pièce, Darius.

> Ce digne successeur du grand Cyrus eut toutes les rares qualitez qui font les Heros. Il se monstra courageux, doux et clement; il fut courtois à tout le monde, pieux enuers sa Mere, et fidelle à son Espouse. Les commencemens de sa vie furent trauersez; mais la suite eu fut heureuse, et sa constance fut en fin victorieuse de la Fortune. La ressemblance de ses mœurs et de sa destinée, auec celles de vostre Altesse Royale, luy en fait esperer vn fauorable accueil.[50]

Ayant ainsi décrit Gaston en la personne de Darius, Gilbert se trouve au fond d'une impasse. S'il donne à sa pièce le même dénouement que Corneille, il sera peu élogieux envers la mère de Gaston. Si, au contraire, il rend cette mère vertueuse et sans tache, la pièce devient ridicule par le manque de logique de son dénouement. La politique dictant sa voie, Gilbert opte pour ce dernier choix. Il résout le problème par un malentendu qui est expliqué au dernier moment. La pièce est gâchée, mais Gaston est loué. On ne saura probablement jamais si le jeu a valu la chandelle.

Grâce aux écrits de la Fronde, la période entre la mort de Louis XIII et la retraite de son frère à Blois est féconde en poésies. Malheureusement, elles sont, pour la plupart, médiocres. Voiture ne s'occupe guère de Gaston et de ses démêlés politiques. La résidence à Paris de ce dernier permet à Voiture de fréquenter l'Hôtel de Rambouillet où il se plaît. Ce n'est

---

[48] *Rodogune* (Paris: Sommaville, 1646).
[49] Eleanor J. Pellet, *Gabriel Gilbert* (Baltimore: Johns Hopkins Press, 1931), pp. 74-76.
[50] Cité par Lancaster, II, 514.

qu'au retour d'Allemagne du duc d'Enghien qu'il met son esprit au service de son maître. Après avoir loué le duc, il ajoute:

> Malgré ta victoire admirable,
> Et ces faits d'armes glorieux
> Qui parmi tous nos demi-dieux
> Te donnent un rang honorable,
> Gaston de France obscurcira
> Celui de Foix, et ternira
> Ce renom dont la terre est pleine,
> Et Graveline étouffera
> Toute la gloire de Ravenne.[51]

Ces mots qui, cachés parmi tant de louanges, échappent à beaucoup de lecteurs, n'échappent probablement pas au prince jaloux, ni à Gaston. C'est la dernière fois que Voiture se fait poète militant; il meurt en 1648, à la veille de la Fronde.

Il est difficile de savoir la date exacte à laquelle Tristan quitte Gaston. Depuis quelque temps Tristan cherche un mécène plus libéral. Il se tourne vers Marguerite, lui dédie *La Folie du Sage,* puis, peu après la naissance de Marguerite-Louise, écrit une ode à la fin de laquelle il prédit

> ...que cette Fille si belle
> Prendra bien tost le Nom de sœur,
> D'vn Frere merueilleux comme elle.[52]

Mais il trouve Madame aussi chiche que Gaston et *La Mort de Sénèque* est dédiée à Saint-Aignan. Même ce soutien ne dure guère et le *Nouveau Recueil des plus belles poésies*[53] reproduit des stances que Tristan a dû adresser au comte quelques années plus tôt:

> Sans nous faire manger ni boire
> Tu nous donnes un grand repas.[54]

---

[51] *Œuvres,* II, 397.
[52] *Vers heroïques,* p. 55.
[53] (Paris: Loyson, 1654).
[54] P. 139.

Dès le 17 juillet 1645, Tristan est chez la duchesse de Chaulnes en qualité de chevalier d'honneur. C'est alors qu'il ose reprocher à Gaston son ingratitude:

> Ie voy que GASTON m'abandonne
>   Cette digne personne
> Dont j'esperois tirer ma gloire et mon suport:
> Cette Diuinité que j'ay toujours suiuie,
>   Pour qui j'ay hazardé ma vie;
> Et pour qui mesme encor je voudrois estre mort.
>   Irois-je voir en barbe grise
>   Tous ceux qu'il fauorise;
> Epier leur réueil et troubler leur repas?
> Irois-je m'abaisser en mille et mille sortes,
>   Et mettre le siege à vingt portes
> Pour aracher du pain qu'on ne me tendroit pas?
>   Si le Ciel ne m'a point fait naistre
>   Pour le plus digne Maistre
> Sur qui jamais mortel puisse porter les yeux:
> Il faut dans ce malheur, que mon espoir s'adresse
>   A la plus charmante Maistresse
> Qui se puisse vanter de la faueur des Cieux.
>   En ce lieu mon zele possible
>   Se rendra plus visible;
> On y connoistra mieux ma franchise et ma foy.
> Ce n'est pas vne Cour où la foule importune
>   Des pretendans à la Fortune
> Produise vne ombre épaisse entre le jour et moy.[55]

Il loue alors sa nouvelle maîtresse dont les

> ...bontez extrémes
> Ont mérité des Diademes [56]

ainsi que ses riches appartements et son goût impeccable.[57] Son rang chez la duchesse est indiqué par le vers de "La Servitude"

> Et que je vay conduire.[58]

---

[55] *Vers heroïques*, pp. 148-49.
[56] Ibid., p. 160.
[57] Ibid., p. 163.
[58] Ibid., p. 154.

En effet, le chevalier d'honneur doit toujours conduire la personne qu'il sert. Indépendant, il ne peut souffrir le joug:

> Ebloui de l'éclat de la grandeur mondaine,
> Je me flattai toujours d'une espérance vaine,
> Faisant le chien couchant auprès d'un grand Seigneur:
> Je me vis toujours pauvre...⁵⁹

Aussi, quand le duc de Guise lui offre une situation moins absorbante et plus lucrative, il choisit le moment propice et troque son joug contre un autre plus léger. Protégé, il devient de plus en plus hardi et, en 1648, il publie *Les Vers héroïques,* dans lesquels on trouve tous ces reproches faits à son ancien maître.

Neufgermain, lui aussi, est mécontent. C'est probablement que Gaston, plus âgé et plus sérieux qu'en 1630, ne l'encourage plus à publier ses fadaises. Le recueil de 1637, par ses nombreuses allusions favorables aux favoris de Richelieu, révèle à Gaston que son poète lui est peu fidèle. Le génie de Neufgermain ne se fait plus voir que rarement en recueil et les marchands des Halles doivent chercher ailleurs de quoi emballer leurs denrées. En 1645 il publie quelques vers dédiés au roi de Pologne et à la reine d'Angleterre; en 1654 et en 1658 quelques-uns de ses vers sont insérés dans deux recueils collectifs; puis, silence. Sarasin, dans sa "Pompe funèbre de Voiture", se moque du poète déchu:

> Il me semble que je le VOI,
> De noir comme un page vé... TU,
> En sa nouvelle tablatu... RE
> Cherchant trois rimes à VOITURE.⁶⁰

Entré dès 1623 chez Gaston, à l'âge de quarante ans, Pierre de Patris, grand vicaire du conseil de Vauriennerie, brille par la délicatesse de son esprit dans cette cour qui surpasse alors celle du roi "en politesse, en agrément, et en bon goût." ⁶¹ Il

---

⁵⁹ A. C. Leford de la Morinière, ed., *Bibliothèque poëtique* (Paris: Briasson, 1745), I, 290.
⁶⁰ Jean François Sarasin, *Œuvres* (Paris: Champion, 1926), I, 455.
⁶¹ Nicéron, XXIV, 170.

est dommage que Patris, dans sa vieillesse trop religieuse, ait détruit la plupart de ses poèmes galants et licencieux. A en juger par les quelques pièces qui nous restent, il faut le classer au premier rang des amateurs du siècle tant par son originalité que par sa verve, comme l'a fait Voiture:

> Du siècle les plus beaux esprits,
> Brion, Chaudebonne, Patris.[62]

Lors du siège de Gravelines, il compare la ville à une jeune fille récalcitrante:

> Dès qu'on approche son visage
> Pour en remarquer les beautez,
> Ce n'est qu'ire, ce n'est que rage,
> Elle est en feu de tous costez;
> Enfin, jamais nulle autre prude
> N'eut la négative si rude.[63]

Les assauts de Gaston deviennent des déclarations:

> Il n'en bouge, il couche à sa porte,
> C'est tout son soin et son plaisir.
> Il n'est jour ny nuit qu'il ne donne
> Quelque aubade à cette mignonne[64]

car

> Rien ne s'estime ny se prise,
> S'il n'a esté bien disputé.[65]

A part cette plaisanterie, il ne reste de ses poésies libres que ses vers liminaires à Neufgermain et quelques pièces sans intérêt que l'on trouve éparpillées dans les recueils collectifs.

Claude de Chouvigny, baron de Blot l'Eglise, est sans doute

---

[62] *Œuvres*, II, 412.
[63] Lachèvre, *Le Libertinage*, VI, 80.
[64] Ibid., p. 81.
[65] Ibid., pp. 81-82.

le plus effréné des poètes de la cour de Gaston. Jusqu'à la mort de Richelieu, il reste relativement sage et ne s'en prend guère qu'à son maître et à ses amis. Mais après la mort du cardinal, la muse de Blot se déchaîne.

L'athéisme au dix-septième siècle n'est pas rare, mais un athée qui ne se repent pas à la dernière heure est moins commun. Blot, sans arrière-pensée, sans remords, se moque de Dieu et de la religion. Nous avons déjà vu que Gaston a de la peine à se défaire de sa mauvaise habitude, celle de blasphémer. Chez Blot, ce vice devient un jeu d'esprit. Lors de ses études chez les Jésuites, il compose son premier quatrain:

> Quoy que je ne sois porté
> A parler bien dignement du mystère de la Trinité,
> Si faut-il louer l'acte divin
> Qui changea l'eau en vin.[66]

Sa religion, et celle qu'il recommande à tout le monde, que l'on soit

> ...papiste,
> Calviniste ou luthérien,
> Mahométan, anabaptiste
> Ou de la secte de ton chien [67]

c'est de s'amuser et de n'offenser personne. Il ne croit pas à la Genèse, ni à l'autre monde:

> Ce monde icy n'est que misère,
> Et l'autre n'est qu'une chimère [68]

et le fameux pari de Pascal ne le touchera pas:

> Si c'est péché que f..... et boire,
> Je veux pour ces deux passions
> Brusler cent ans en Purgatoire.[69]

---

[66] Ibid., p. xi.
[67] Ibid., p. xxvii.
[68] Ibid.
[69] Ibid., p. xxviii.

Il préfère se moquer des "Dieux de la Fable."⁷⁰ Quant aux perversions sexuelles, il est sans préjugés:

> L'un ayme le c.. d'une fille,
> L'autre le c.. d'un beau garçon,
> L'autre n'ayme garçon ni fille
> Et ne chérit que son flacon.
> Pour moy, je bois, je ris, je chante,
> Et je f... ce qui se présente.⁷¹

Il se moque de tous, amis ou adversaires. En 1650, lors des combats de Beaufort pour ravitailler Paris, Blot compare les deux alliés:

> Gaston pour faire une harangue
> Trouve beaucoup moins d'embarras:
> Pourquoy Beaufort n'a-t-il sa langue?
> Pourquoy Gaston n'a-t-il son bras?⁷²

En ce qui concerne la Fronde, il est du même avis que Gaston: il ne cache jamais sa haine pour Mazarin et reproche à Condé de verser trop facilement le sang français:

> Je dis f..... du Prince
> Comme du Cardinal,
> Puisque dans nos provinces
> Ils nous font tant de mal!
> Ces deux tyrans nous tourmentent
> De différente façon:
> Pour chasser les barbons
> L'un se sert des Wallons,
> L'autre avec la gouvernante
> Fait la guerre en caleçons.⁷³

On voit par les deux derniers vers que la reine régente elle-

---

⁷⁰ Ibid., p. 7.
⁷¹ Ibid., p. 11.
⁷² Ibid., p. 33.
⁷³ Ibid., p. 39.

même n'est pas à couvert des injures du poète. Dès 1643 il s'en prend à Anne et à Mazarin:

> Sçavez-vous bien la différence
> Qu'il y a de son Eminence
> A feu monsieur le Cardinal?
> La response en est toute prête
> L'un conduisoit son animal
> Et l'autre monte sur sa beste.[74]

Louis XIII n'y est pas plus respecté que sa veuve. Le cardinal étant Italien, ses ébats amoureux seront donc, selon Blot, "à l'italienne:"

> Le Cardinal f... la Régente;
> Qui pis est, le Bougre s'en vante
> Et luy vole tous ses escus.
> Pour rendre la faute moins noire,
> Il dit qu'il ne la f... qu'en c..:
> La chose est bien facile à croire [75]

et, après la mère, le fils:

> Le Cardinal f... vostre mère.
> Lere la,
> Lare lan lere,
> Lire lan la.
> Mesme on dit qu'il a protesté
> De f..... vostre Majesté,
> Et le Prince votre Frère.[76]

A part les poèmes contre la reine et le cardinal, il y a aussi ceux contre Mazarin seulement, et ils ne sont pas moins orduriers. Blot est d'avis "qu'on l'arquebuze" [77] ou encore.

> Qu'on me le chasse, qu'on me le fouille,
> Et qu'on me luy coupe les c...... [78]

cette dernière proposition étant considérée par l'auteur comme le "Remède universel à tous les maux de France." [79]

---

[74] Ibid., p. xxiii.
[75] Ibid., p. 17.
[76] Ibid.
[77] Ibid., p. xxiii.
[78] Ibid., p. 30
[79] Ibid.

Répétons-le, ces vers obscènes ne font pas exception. Beaucoup des mazarinades égalent, par leurs propos orduriers, les vers de Blot. Les mœurs littéraires ne sont pas encore à l'état de raffinement auquel elles arriveront à la fin du siècle. Le duc d'Enghien s'amuse, à la comédie, à dessiner un membre viril sur un collet de manteau tout blanc de poudre[80] et Louis XIV lui-même, après avoir dit des choses "qui passoient son âge," avoue "les avoir ouy dire à la Reyne."[81]

Verderonne, un des meilleurs poètes de la Fronde, nous montre Gaston à l'œuvre lors des conférences qui précèdent la journée des barricades.[82]

> Gens de Palais et gens de Cour
> Ont conférence à Luxembour.
> Le Duc d'Orléans, fils de France,
> Au Parlement prit sa séance;
> Et le feu loin de s'embraser,
> Paraissoit quasi s'appaiser.[83]

C'est dans ce rôle de médiateur que Gaston est loué ou condamné par tant d'auteurs de Mazarinades.[84]

La période de la Fronde n'est guère propice aux divertissements de cour. Aussi les ballets sont-ils rares. Chez Gaston, il n'y a que le "Balet de l'Oracle de la Sibylle de Pansoust" qui est dansé par les officiers et gentilshommes de Gaston en 1645 au Palais-Royal et au Luxembourg. Ce ballet des plus médiocres est sans intérêt littéraire ou historique.

La prose, entre 1643 et 1652 est, du point de vue de l'étudiant de Gaston, le domaine le plus touffu et le plus pauvre.

---

[80] Goulas, II, 199.
[81] Ibid., p. 256.
[82] La première conférence a lieu le 21 juin 1648, la journée des barricades le 26 août.
[83] Célestin Moreau, *Choix de Mazarinades* (Paris: Renouard, 1853), I, 8.
[84] Nous n'entreprenons pas ici de faire l'étude des Mazarinades qui font mention de Gaston. Ce prince étant l'un des personnages principaux de la Fronde, il est tout naturel que tous les écrits politiques du temps parlent de lui. Une étude détaillée de ce genre est encore à faire.

Touffu du point de vue de volume, pauvre quant à la valeur littéraire. Les lettres de Voiture ne reflètent plus les événements de la cour de son maître. Les Mazarinades en prose, à part les documents historiques, n'ont aucune valeur à cause de la médiocrité du style et de la virulence des opinions. Aucun roman n'est écrit par un membre de la cour de Gaston.

Parmi les nombreuses Mazarinades en prose, il y en a deux ou trois qui valent un regard. En 1649 paraît une *Lettre du chevalier Georges de Paris à monseigneur le prince de Condé*[85] que Guy Patin, dans une lettre à Charles Spon, nomme une des meilleures Mazarinades.[86] L'auteur inconnu dit qu'il n'est ni vassal, ni domestique de Condé, mais simplement Français. Ce qui l'afflige, c'est de voir Gaston tomber dans les pièges mazarinistes à cause des trahisons d'un de ses sujets: "Il [Mazarin] estoit asseuré de la facilité de M. le Duc d'Orléans par le moyen d'vn valet qui le gouuerne, et qui estouffe dans le point de sa production tous les bons desirs de S.A.R."[87] Ce valet, c'est le future évêque de Langres, Louis Barbier de La Rivière.[88] La Rivière trahit son maître, espérant recevoir de Mazarin un chapeau de cardinal:

Nous sçauons bien par quel artifice il a eu Monseigneur le Duc d'Orleans, et il est tout public qu'il s'est seruy pour le persuader d'vn nommé Barbier fils d'vn mouleur de bois, sous promesse de faire de ce pedant vn Cardinal de la Riuiere.[89]

Mazarin, de retour au pouvoir, récompensera La Rivière, mais lui refusera le chapeau rouge, ce qui lui vaut les vers suivants:

---

[85] (Paris: Boisset).
[86] *Nouvelles Lettres* (La Haye: Gosse, 1718), I, 190.
[87] *Lettre de Georges,* p. 4.
[88] Fils de roturier, Louis Barbier s'élève par ses ruses. Il a un poste d'instructeur auprès des enfants de Gaston, poste qu'il doit négliger ou qu'il ne sait pas remplir car, en 1652, la Grande Mademoiselle n'a encore aucune idée de ce que c'est que l'orthographe. Dans une lettre à Letelier, courrier du roi, elle écrit: « J'ay été bien aise d'avoir sete ocasion de vous pouvoir remercier du soin que aves u de me doner des paseport qui m'étet très nésesere ». (Gabriel-Jules, comte de Cosnac, *Souvenirs du règne de Louis XIV* [Paris: Renouard, 1874], IV, 155). Néanmoins, La Rivière sait se servir de son maître et avant de mourir, se verra duc et pair.
[89] *Lettre de Georges,* p. 14.

> A la Riuière auint cas fort nouueau,
> Et très fâcheux quand on luy dit: "tout beau,
> Vous n'estes pas encor du consistoire;"
> Car pour sa teste vn Capelan doit croire,
> Qu'vn chapeau rouge est vn trop lourd fardeau.[90]

On voit aussi Bellerose, l'acteur de l'Hôtel de Bourgogne, se plaindre des machinations de La Rivière.[91] Bien qu'il sache "que battre l'eau et parler à la Riuiere, ce soit vne mesme chose,"[92] il s'adresse à lui: "Arrestez donc vostre cours, Riuiere sans fond, Riuiere sans origine, Riuiere qui renuerse tout, Riuiere où l'on ne pesche rien."[93] En effet la Fronde le ruine: "Le Bourgeois ne fut pas plustost armé, que se resouuenant d'auoir leu en nos Affiches, Deffence aux Soldats d'y entrer à peine de la vie,"[94] il s'absente des représentations. Mais il ne faut pas prendre cette remarque trop au sérieux. Si le bourgeois ne va plus au théâtre, ce n'est pas parce qu'il est armé, mais plutôt parce qu'il doit rester sur le "qui vive" durant la Fronde et que la misère règne à Paris.

On voit facilement que La Rivière, malgré la popularité de son maître, est haï de tous. Il est étrange que Gaston ne s'en aperçoive pas et qu'il ne sonde pas la question. Comment se peut-il qu'il n'entende pas parler du grand nombre de Mazarinades dirigées contre son favori ou qu'il y fasse la sourde oreille? Les auteurs citent des faits indéniables et leurs œuvres sont lues partout. En 1650, grâce aussi aux conseils de Madame, de Mademoiselle et de Retz, La Rivière tombe soudain en disgrâce, victime de la prose populaire.

---

[90] Moreau, *Choix*, 1, 415.
[91] Pierre Le Messier, dit Bellerose, loue en 1632 l'Hôtel de Bourgogne où il accueille, en 1634, Mondory et ses compagnons. Il n'a pas écrit cette Mazarinade, qui fait allusion à la rumeur qui classe La Rivière parmi les nombreux amants de la femme de Bellerose. Dans les derniers vers d'un poème qui finit cette Mazarinade, "la Bellerose", poussée par le besoin, change de profession:
> Ne gaignant plus rien sur la Seine
> Qu'elle trafique sur le Rhin.

Le calembour injurieux (*Lettre de Belleroze à l'abbé de la Rivière* [Paris: Boudeville, 1649], p. 8) ne peut être du mari de la belle.
[92] *Lettre de Belleroze*, p. 3.
[93] Ibid., p. 4.
[94] Ibid.

CHAPITRE VI

1652-1660: RETRAITE A BLOIS

Le duc d'Orléans quitte Paris et arrive à Blois le 9 novembre 1652. Selon toutes apparences, il est soulagé d'être débarrassé des ennuis politiques et des tracas,[1] "fatigué de servir de prétexte et de jouet aux passions d'autrui, et s'éloignant de la Cour où il ne tenoit qu'à lui de revenir," [2] désabusé des menées politiques et des intrigues de cour, Gaston appelle "à son aide le goût qu'il avait montré, dès sa jeunesse, pour l'étude des sciences naturelles et de l'histoire." [3] Installé à Blois, Gaston y forme une bibliothèque, avec un médaillier, des tableaux, un cabinet d'estampes et de pierres gravées, et même une collection d'oiseaux et d'insectes.[4] Dès 1653, Abel Brunyer, premier médecin de Gaston, publie à Paris, chez Vitré, son *Hortus Regius Blesensis*. C'est un catalogue méthodique des plantes du jardin botanique de Blois dont il est directeur. Malgré quelques rudiments de "méthode naturelle," les plantes sont classées, non par familles, mais d'après des analogies tirées de l'examen de toute la plante en général et des organes reproducteurs en particulier. Deux ans plus tard, une seconde édition

---

[1] Jean Vallier, *Journal*, p.p. Henri Courteault (Paris: Société de l'Histoire de France, 1918), IV, 117.
[2] Isaac de Larrey, *Histoire de France sous le règne de Louis XIII* (Rotterdam: Bohm, 1721), II, 316.
[3] La Saussaye, p. 365.
[4] Ibid.

paraît.⁵ La collection, agrandie,⁶ compte alors environ deux mille plantes dont la moitié vient de l'Orléanais et environ quinze cents de France. Il n'y a probablement pas de serre chaude, mais quelques orangeries. La pomme de terre est cultivée comme une rareté car Brunyer croit reconnaître en elle l'"arachidna" de Théophraste.⁷ La tomate, importée du Mexique,⁸ et le tabac, dont la culture commence à se répandre,⁹ se côtoyent. C'est, selon Brunyer, le meilleur jardin botanique en Europe.

La bibliothèque de Gaston, qui sera réunie aux collections du roi en 1660, est une des meilleures de France.

Gaston commence à goûter la tranquille simplicité de Blois. Quand le roi lui demande de revenir à la cour, Gaston est ébranlé, mais

> la Duchesse sa femme avoit pour la Reine mere et pour le Cardinal, une haine qui lui fit employer tout le crédit qu'elle avoit sur l'esprit du Duc son époux pour rompre les Négociations de la Cour. Elle aimoit mieux, disoit-elle, passer les jours éloignée du tumulte et des intrigues qu'elle y avoit vûës, et dont elle avoit été accablée, dans une douce solitude, où elle jouïroit d'un repos qu'il étoit impossible de goûter parmi toutes ces vicissitudes et ces agitations.¹⁰

Le duc, assagi, se laisse entrainer dans ces sentiments. Sa cour devient riante et paisible, son hospitalité des meilleures:

> La d'une obligeante maniere,
> D'un visage ouvert et riant,
> Il nous fit bonne et grande chere,
> Nous donnant à son ordinaire
> Tout ce que Blois a de friand.

Son couvert étoit le plus propre du Monde. Il ne souffroit pas sur sa nape une seule miette de pain. Des verres bien rincés de toute sortes de figures brillioent sans nombre sur son buffet, et la glace étoit tout-autour en abondance.

---

⁵ (Paris: Vitré, 1655).
⁶ L'édition de 1653 a 67 pages in-f°; celle de 1655 en a 106.
⁷ *Hortus* (1655), p. 93.
⁸ Ibid.
⁹ Ibid., p. 69.
¹⁰ Larrey, II, 391.

> En ce lieu seul nous bûmes frais:
> Car il a trouvé des merveilles
> Sur la glace et sur les Banquets,
> Et pour empêcher les Bouteilles
> D'être à la merci des Laquais.

Sa Sale étoit parée pour le Balet du soir, toutes les Belles de la Ville priées, tous les violons de la Province assemblés.[11]

Mademoiselle n'y trouve pas un si bon accueil. Son père chicane au sujet de biens qui lui reviennent et qu'il ne veut pas lui donner. Des procès s'engagent entre père et fille. Gaston, aigri par ces procédés, lui défend d'entrer chez lui. Ce n'est qu'en 1656 que la situation s'améliore. Mademoiselle rend visite alors à son père, mais n'accueille ses démonstrations amicales qu'avec froideur. Il se peut que ce soit à cause de sa fierté blessée de vieille fille:

> Gaston cherchait alors à faire épouser sa fille aînée au duc de Savoie, tandis qu'il nourrissait, pour la seconde, le projet ambitieux d'une alliance avec Louis XIV. Ceci explique les cajoleries du duc et de la duchesse d'Orléans pour Mademoiselle, qui conserva si longtemps l'espoir d'être un jour reine de France.[12]

Mademoiselle nous renseigne bien elle-même sur ce sujet: "On avoit pour lors à Blois de grandes espérances du mariage de ma sœur avec le Roi; pour moi, je ne le croyois ni le souhaitois: on n'est pas bien aise de voir sa cadette au dessus de soi."[13] Ceci est d'autant plus vrai si l'on n'a pas encore abandonné pour soi-même l'espoir d'une si haute alliance.

> Le bon prince alors se trouvoit,
> A Blois, dont il ne sortoit guère,
> Et c'étoit en vue du parterre,
> Où la fleur de lys foisonnoit,
> Quant et la rose et le muguet.
> Sa fille aînée (sans lui déplaire,

---

[11] Claude-Emmanuel Lhuillier Chapelle et François le Coigneux de Bachaumont, *Voyage* (Trevoux: par la Compagnie, 1754), pp. 10-11.
[12] La Saussaye, p. 361.
[13] *Mémoires* (dans Michaud et Poujoulat, Série III, Vol. IV), p. 243.

> Vu qu'elle étoit née la première)
> Nullement ne s'y complaisoit,
> Disant qu'elle s'y figuroit
> En serre et sous châssis de verre.
> Mademoiselle est, comme on sait,
> La riche et puissante héritière
> En qui sa lignée finissoit,
> Et cette princesse archifière
> Ouvertement contredisoit,
> Argumentoit et ripostoit,
> Sans relâche, à sa belle-mère,
> En qui le sang lorrain bouilloit,
> Ce qui ne l'accomodoit guère,
> Et dont le diable profitoit
> Pour inciter à la colère
> La guisarde qui suffoquoit
> Et la pucelle montpensière.
> Monsieur dissertoit, distinguoit,
> Hésitoit, comme à l'ordinaire.[14]

A partir de 1656, Gaston ne quitte Blois que pour sa visite annuelle au roi. La première fois, l'accueil est chaleureux,[15] mais à la deuxième visite, "sa présence ne fut nullement célébrée."[16] L'année suivante, le roi ne daigne même pas interrompre son jeu de cartes quand son oncle arrive.[17] En 1659, Gaston visite encore Paris, mais avoue à sa fille qu'il s'y ennuie:

> Je suis dans un ennui terrible de me voir ici; j'ai la dernière impatience de m'en retourner: le monde m'ennuie, je n'y suis plus propre. Si je demeurois ici long-temps, je serois malade de la fatigue que j'y ai.[18]

Dépaysé, il retourne à Blois où le roi lui rend visite le 29 juillet. Le duc régale son neveu "avec une magnificence extraordinaire,"[19] ce qui n'empêche pas ce dernier de partir le jour même, parce que rien, à Blois, n'est à la mode.[20]

---

[14] Mélanges manuscrits du marquis de Paulmy, Bibliothèque de l'Arsenal, cité par La Saussaye, pp. 361-62.
[15] Montglat, *Mémoires*, p. 316.
[16] Motteville, *Mémoires*, p. 458.
[17] Montpensier, *Mémoires*, p. 301.
[18] Ibid., p. 327
[19] Montglat, p. 340.
[20] Montpensier, p. 329.

C'est ainsi, loin du "monde à la mode," parmi ses vieux amis, eux aussi démodés, que Gaston finit sa vie. Il ne jure plus, ne le permet pas à ses courtisans, et devient même un peu dévot,[21] cela grâce aux efforts religieux de madame de Saujeon pour laquelle il a ce qu'on appelle au dix-septième siècle, "une honnête passion."[22] Le 2 février 1660, âgé de cinquante-deux ans, il succombe à une fièvre continue après une semaine de lutte.

Gaston, dans les dernières années de sa vie, ne s'intéresse guère au théâtre. Si son nom, entre 1650 et 1660, est associé de temps en temps au théâtre, ce n'est pas à cause d'une contribution financière ou d'un soutien actif. Il a une troupe à Saumur et à Poitiers en 1651 et en 1652,[23] mais il n'y contribue que par son nom. Des poètes dramatiques se trouvent chez lui, mais ce ne sont pas les meilleurs.

Paul Véronneau, blésois dont la vie est encore aujourd'hui un mystère, fréquente alors la cour de Gaston. Déjà en 1634 il avait publié *L'Impuissance*,[24] pastorale qui, en se servant d'éléments de farce médiévaux, se moque des idylles:

> L'imagination des faiseurs de romans
> Fait qu'on croit les bergers pleins de contentements.
> A les ouyr conter, c'est la plus douce vie
> Dont jamais les mortels puissent avoir envie.
> En ce plaisant sejour on ne peut s'ennuyer:
> On y mange, on y boit, sans parler de payer;
> On s'entretient d'amour dans un bois solitaire;
> Mais enfin tout cela n'est rien qu'imaginaire:
> Un berger au travail doit estre diligent;
> Pour avoir des troupeaux, il luy faut de l'argent;
> Il doit payer la taille, et, quand on prend les armes,
> Il a peur au recit du seul nom de gendarmes.
> Cela vous fascheroit s'il vous falloit souffrir

---

[21] Motteville, p. 485.
[22] Montpensier, p. 343
[23] Lancaster, III, 32.
[24] (Paris: Quinet), réimprimé dans le huitième tome de l'*Ancien Théâtre françois* (Paris: Jannet, 1856), texte que nous citons.

Les incommoditez qu'on a de les nourrir;
Les marques des ennuis bientost prendroient la placce [sic]
De toutes les beautez qui sont sur vostre face.[25]

Mais Véronneau n'a plus versé dans ce genre qui, par sa grossièreté, rappelle les farces du Moyen Age et de la Renaissance. Les saillies de Charixène à propos de l'impuissance de son mari ont pourtant dû plaire aux compagnons gaillards de Gaston:

CHARIXENE
N'esperez pas qu'ainsi ce bonjour me contente;
J'aimerois beaucoup mieux avoir de bonnes nuicts.

SYLVAIN
De quoy vous plaignez-vous, car je vous voy changée?
Vous forgez contre moy des foudres dans vostre œil.

CHARIXENE
Au contraire, berger, je vous suis obligée,
Car vous n'avez jamais empesché mon sommeil.

SYLVAIN
Mais toutefois ma main, sans que cela vous picque,
Touche toutes les nuicts vostre bel instrument.

CHARIXENE
Vous pouvez l'appeller instrument de musique,
Où vous n'avez joué que des doigts seulement![26]

Que le silence de Véronneau soit dû ou non au manque d'encouragement de la part de Gaston, toujours est-il que sa plume ne produit plus que quelques vers spirituels.

Pierre Perrin, qui fait partie de la maison de Gaston dès 1648,[27] achète à Bruno la charge d'introducteur des ambassadeurs en 1653.[28] A travers les troubles de la Fronde, Perrin

---

[25] Acte V, scène 1.
[26] Acte II, scène 2.
[27] Ch. Nuitter et Er. Thoinan [pseuds. de Charles Louis Etienne Truinet et d'Antoine Ernest Roquet], *Les Origines de l'opéra français* (Paris: Plon, 1886), p. 12.
[28] Ibid., pp. 19-20. Bénigne Bruno, successeur de Voiture dans cette charge, la vend à Perrin à cette date.

reste fidèle à Gaston sans en recevoir quoi que ce soit. En 1653, il ne parvient même pas à payer Bruno le prix de sa charge. Aussi, en avril 1659, est-ce chez La Haye, orfèvre du roi, que son nouvel opéra *La Pastorale* est joué:

> ...l'autre-jour, dans Issy,
> Village, peu distant d'icy,
> Pour oüyr chanter en Muzique,
> Une Pastorale comique,
> Que Monsieur le Duc de Beaufort,
> Etant prézent, écouta fort,
> Et pour le moins, trois cens Personnes,
> Y comprizes pluzieurs Mignonnes
> . . . .
> L'Auteur de cette Pastorale
> Est à Son Altesse Royale
> Monseigneur le duc d'Orléans;
> Et l'on l'estime fort, léans:
> C'est Monsieur Perrin, qu'il se nomme,
> Trés-sage et sçavant Gentil-homme,
> Et qui fait aussi bien des Vers,
> Qu'aucun autre de l'Univers.
> Cambert, Maître par excellence
> En la Muzicale science,
> A fait l'Ut, ré, mi, fa, sol, la,
> De cette rare Piéce-là.[29]

Cette *Première comédie françoise en musique representée en France* qui a comme titre principal le mot *Pastorale* est représentée devant le roi et la reine à Vincennes après son succès éclatant d'Issy.

Perrin, trouvant que "les vers Lyriques, et non pas Alexandrins" sont "plus propres au chant et plus commodes à la voix,"[30] emploie une forme que les librettistes du siècle suivant perfectionneront:

> PHILANDRE
> l'Adore vne cruëlle,
> Qui rit de mon tourment.

---

[29] Jean Loret, *La Muze historique* ([Paris]: Jannet, 1857-78), III, 51.
[30] *Les Œuvres de poésie* (Paris: Loyson, 1661), pp. 287-88.

ALCIDOR
Ie sers vne infidele
Qui change à tout moment.
Le vent est moins leger,

PHILANDRE
Et la roche est moins dure.[21]

L'intrigue est mal menée, les personnages mal définis, la pièce sans intérêt. Perrin s'en vante, basant sa gloire sur un seul fait: il se dit l'inventeur, le créateur de l'opéra en France. Ce droit lui appartient peut-être, mais pas dès 1659. Ce ne sera que plus tard, lors de la création de son Académie d'Opéra, qu'il pourra revendiquer avec quelque raison ce titre. Dans sa lettre de dédicace à l'archevêque de Turin, lettre qu'il remanie lors de l'édition de 1661, il dit sans pudeur:

Quoy qu'il en soit i'ay l'auantage d'auoir ouuert et applany le chemin, d'auoir découvert et défriché cette terre neuue et fourny à ma nation vn modele de la Comedie Françoise en Musique, premièrement dans le genre Pastoral, mon *Ariane* leur en fera voir vn dans le Comique et dans le tragique *La Mort d'Adonis* à la composition de laquelle ie me diuertis depuis quelques iours leur fera connoistre que l'on y peut reüssir.[32]

Endetté, il ne peut même pas voir les représentations de sa pièce: il est incarcéré pour dettes le 23 janvier 1659 et ne sort de prison que le 29 septembre.[33] Gaston ne lui vient même pas en aide durant ces mois de misère. C'est chez Mazarin, et plus tard chez Colbert, que Perrin trouvera des mécènes plus assidus et plus enthousiastes.

Gaston n'a pourtant pas perdu le goût des belles lettres. Si sa manie de collectionneur l'emporte sur ses intérêts littéraires, il ne faut pas croire à une éclipse complète de ce goût. Le ballet est encore dansé chez lui, quoique moins souvent,[34]

---

[31] Ibid., p. 274 [sic: lire 294].
[32] Ibid., pp. 288-89.
[33] *Origines de l'opéra*, pp. 42, 60.
[34] Loret, lettre du 23 janvier 1655.

et la poésie est toujours aussi légère qu'auparavant, quoiqu'on y rencontre de plus en plus des vers qui marquent un souci de l'au-delà.

Blot est de ceux chez qui ce souci se montre le moins. Mazarin, qui lui offre une pension pour le neutraliser, se rend vite compte que Blot n'a pas perdu sa verve acérée. Ayant oublié de payer la pension, il est tancé par Blot, qui envoie ce couplet à Aubeterre, ambassadeur du cardinal:

> Chevalier, je bois à ton maistre
> Et c'est par obligation;
> Car pour te le faire connaistre,
> C'est qu'il m'a donné pension.
> La chose ne fut point frivole;
> Il m'a bien tenu sa parole,
> Car le Jean-foutre me dit bien:
> "Cela ne tiendra lieu de rien." [35]

Lachèvre veut nous laisser croire que Blot meurt dans la religion,[36] mais les poèmes de Blot semblent indiquer le contraire. En 1653, il écrit la chanson suivante:

> Mon confesseur tousjours me prie
> De hanter bonne compagnie
> Et d'éviter les libertins;
> Moy, qui fais tout pour lui complaire,
> Je ne f... plus qu'un capucin:
> N'est-ce pas bien le satisfaire.
>
> Il est vray que leurs barbes salles,
> Leurs pieds puants et leurs sandalles,
> Et leur entre-fesson velu
> Ne me donne guères d'envie.
> Mais quand il s'agit du salut
> Il faut bien qu'on se mortifie.[37]

---

[35] Lachèvre, *Le Libertinage*, VI, xxiv.
[36] Ibid., p. xxx.
[37] Ibid., p. 15.

Plus tard, il se moque des dévots. Même madame Saujeon y passe.[38] Quand Blot meurt en 1655, Saint-Pavin écrit son épitaphe qu'il termine par ces vers:

> Damon n'est plus. Qu'il eut de charmes,
> Que son esprit fut éclairé!
> Après qu'il eut veu son curé,
> Il mourut ferme et sans alarmes;
> On fait preuve de sa vertu
> Quand on meurt comme on a vécu.[39]

Si les poèmes de 1653 ne nous permettent pas d'arriver à une conclusion quant à la mort de l'auteur, les vers de son ami qui, selon Lachèvre, "connaissait Blot mieux que personne," [40] rendent cette tâche plus aisée. Si Blot est mort comme il a vécu, son entrevue avec son curé n'a pas changé ses idées.

Patris, au contraire, finit sa vie dans la piété. En 1660, il publie *La Miséricorde de Dieu, sur la conduite d'un pécheur pénitent*.[41] Ce recueil paraît donc plus de dix ans avant sa mort. Il renferme des poèmes qui ont été écrits dès 1656 et peut-être même plus tôt. Comme Blot, Patris aime la vie et ses menus plaisirs, mais il sait qu'il faut mourir et il se prépare de bonne heure pour une bonne fin. Comme Gaston, son maître, il se range parmi les convertis de la onzième heure, mais avec regret:

> Ce n'est point sans regret, PHILIS, que je vous quitte:
> Tout me dit qu'ici-bas je ne puis mieux trouver.
> Je connois votre prix, je sçai votre mérite;
>   Mais il se faut sauver.

Avec les ans, viennent les soucis de l'au-delà:

> Déjà de toutes parts, je sens venir l'orage;
> L'état de ma santé commence à s'empirer:
> Ma barque, en vieillissant, doit craindre le naufrage,
>   Il s'y faut préparer.

---

[38] *Ibid.*, p. 58.
[39] *Ibid.*, p. xxx.
[40] *Ibid.*
[41] (Blois: Hotot).

Mais cela ne veut pas dire que le pénitent doit abandonner toute civilisation. Il rejette les mœurs qui offensent Dieu, mais sa dévotion n'est aucunement à outrance. Dieu ne demandera sûrement rien de plus qu'une bonne vie, qu'elle soit chez Gaston ou ailleurs:

> Non que dans les deserts je me dispose à suivre
> Ceux qui laissent la Cour de crainte d'y périr:
> Ce n'est pas mon dessein; le monde m'a vû vivre,
>   Il me verra mourir.
> N'importe en quel endroit ou finisse sa trame;
> Dieu partout est propice à qui l'aime et le sert.
> Au Palais d'Orléans il peut sauver mon ame,
>   Comme dans un desert.
> Quelque joye ici-bas qu'on ait abandonnée,
> Qu'un chrétien dignement en est récompensé,
> Qui peut dire à son Dieu, j'ai fini la journée,
>   Sans t'avoir offensé! [42]

Il commence à mépriser les vanités du monde, se demandant:

> A quoi sert tout cela pour la vie éternelle? [43]

Et son épitaphe, qu'il écrit lui-même, finit par cette recommandation au passant:

> Passe, va ton chemin, et t'assûre aujourd'hui,
> Que c'est prier pour toi, que de prier pour lui. [44]

La carrière poétique de Perrin est de bonne heure attachée à Gaston. Un grand nombre de ses vers ont été mis en musique par les meilleurs musiciens de son temps, y compris Cambert, Lambert, Perdigal et Molinier. En 1650, il écrit quinze sonnets pour célébrer la naissance du duc de Valois, fils de Gaston qui meurt en 1652. Dans l'édition de 1661 de ses œuvres,[45] il les

---

[42] *Bibliothèque poëtique*. I. 451-52.
[43] Ibid., p. 453.
[44] Ibid,. p. 454.
[45] Pp. 137 et ss.

publie avec ce titre: "Les Sonnets héroïqves sur la naissance de feu monseigneur le duc de Valois, que ie presentay à feu mon maistre monseigneur le duc d'Orléans et à madame la duchesse ma maistresse, le iour mesme que ce prince naquit," ce qui dément Magne qui, dans son livre sur Boisrobert les attribue à ce dernier.[46] En 1661, Boisrobert est encore en vie, et si on lui avait volé ces vers, il s'en serait sûrement plaint.

Ces sonnets sont assez intéressants pour que l'on jette sur eux un regard rétrospectif. Le rôle de Gaston durant la Fronde est accentué, comme il se doit en 1650:

> Son pere est le Dieu Mars, qui preside aux allarmes
> Le diuin Protecteur, dont le bras auiourd'huy
> De l'Estat chancelant est le plus ferme appuy.[47]

Le prince sera un appui de plus pour la couronne:

> En toy, Prince, Gaston reçoit vn successeur,
> La ville vn Citoyen, l'Estat vn Defenseur,
> La Famille Royale vn Fleuron de sa tige.[48]

La Fronde et les troubles intestins de la France préoccupent le poète et, dans le dernier sonnet, il demande à Gaston de rétablir la paix en "faveur" de son fils.

Après la Fronde, Perrin écrit de nombreuses chansons de cour et d'amour, des chansons bacchiques aussi, toutes sur un ton léger mais qui ne choque jamais la bienséance.

Après Gaston, Mazarin le protège, puis Colbert. La dédicace de l'édition de 1661 montre les difficultés que Perrin rencontre quand à la mort de deux de ces mécènes: "Ayant perdu presqu'en une année, en sa personne un grand Protecteur, et en celle de feuë S.A.R. un bon Maistre..." [49] il se tourne vers Colbert qui lui sera dorénavant très charitable.

---

[46] Emile Magne, *Le Plaisant Abbé de Boisrobert* (Paris: Mercure de France, 1909), p. 329.
[47] Perrin, p. 137.
[48] Ibid., p. 138.
[49] Ibid., sans numéro de page.

Parmi les nombreux poètes à la cour de Gaston, il faut encore signaler Maulévrier, Martel et Le Pays. Cosme Savary, marquis de Maulévrier, maître de la garderobe de Gaston depuis 1627, publie les chansonnettes, sarabandes et vaudevilles de cour qui le rendront célèbre depuis une dizaine d'années. Entre 1658 et 1661, cinq pièces, dont trois qui sont accompagnées d'airs de l'auteur, sont publiées dans divers recueils collectifs.[50] Les quelques années suivantes en voient paraître dix-huit,[51] ce qui démontre que les "suivants" de Gaston qui lui survivent continuent leur train de vie et d'écriture même durant une bonne partie du règne de Louis XIV. Le ton de ces sornettes est badin mais, dans le cas de Maulévrier, guère obscène, et il amuse sans choquer, comme le montre le poème "Tronc pour l'hermite de ce bal."[52]

Henri Martel, seigneur de Bacqueville est chambellan d'affaires de Gaston depuis 1627. Ses poèmes, publiés dans divers recueils collectifs de 1658 à 1661, sont tous médiocres. Ce qui peut intéresser, c'est, qu'avec l'aide de sa femme et de ses deux filles, il forme un petit salon littéraire où les amateurs se réunissent. Les vers qui en sortent sont probablement tous fort mauvais, mais ceux que nous avons vus sont marqués par l'air badin si courant chez Gaston.

René Le Pays, sieur du Plessis-Villeneuve, né vers 1634 en Bretagne, ne s'introduit chez Gaston que vers 1655, et n'y reste que peu de temps. Sa première œuvre est publiée en 1664, mais ses poèmes révèlent la légèreté gauloise qu'il a dû adopter à Blois pendant ses années d'apprentissage. C'est Le Pays qui, satirisé par Boileau, répond aux attaques de son critique dans une lettre à M. du Tiger:

Je suis éloigné de sçavoir mauvais gré à M. Boisleau des traits délicats dont il m'a légèrement piqué. Si j'ay du chagrin contre luy, ce n'est qu'à cause de la peine qu'il prend sans doute inutilement. Il ne viendra jamais

---

[50] Lachèvre, *Bibliographie*, II, 370.
[51] Ibid., III, 442.
[52] Antoine Baudeau, sieur de Somaize, *Le Dictionnaire des précieuses*, p.p. Ch.-L. Livet (Paris: Jannet, 1856), II, 211 (clef par Livet)

à bout de l'entreprise qu'il semble avoir faite de réformer le Parnasse, et je ne croy pas mesme qu'il soit de son intérest d'y réüssir.

Il est bon qu'il y ait de méchants Auteurs pour donner de l'éclat aux illustres. Il est nécessaire que je fasse des vers avec un grand nombre d'autres poëtes, afin de donner matière aux Satyres de M. Boisleau. Si nous n'avions rien écrit de méchant, il n'eût peut-être jamais rien dit de bon....

Nous le conjurons donc de nous laisser composer des vers et des galanteries pour nostre usage. Qu'il ne se mette point en colère contre nos Muses mal polies et provinciales.[53]

Ceci, écrit en 1674, nous montre bien que certains auteurs ne se sont pas encore rangés sous l'étendard du législateur du Parnasse, et qu'ils n'ont aucune intention de le faire.

Le madrigal "Le Fainéant" fait voir que Le Pays n'oublie pas les leçons de gauloiserie que Blot et ses amis ont professées à Blois:

> Vous estes, Ieanneton, fort grande menagere,
> Iamais femme ne fut plus actiue que vous,
> Vous ne laissez iamais la moindre chose à faire
>   A vostre gros et gras Epoux.
> Soit qu'il dorme en son lit, ou qu'il fasse l'yvrogne,
> Il est toûiours certain que l'on fait sa besogne,
> Si bien qu'il vit content, sans peine et sans ennuy:
> Car comme il aime à boire et dormir à son aise,
>   Il est rauy, le pauure Blaise,
> Qu'on fasse à la maison toutes choses sans luy.[54]

En matière de prose, il n'y a guère que les écrits scientifiques qui répandent la renommée de Gaston. Ce soin est surtout laissé à Brunyer et à deux de ses aides, Morison et Vattier.

Au milieu du dix-septième siècle, il n'y a pas de méthode scientifique relative à la botanique. Les frères Bauhin, à Bâle, amorcent un essai de classification botanique selon la forme des feuilles; à Lubeck, Jung en fait de même, faisant aussi une

---

[53] Cité par Lachèvre, *Bibliographie*, III, 404-5.
[54] *L'Elite des poesies heroïqves et gaillardes de ce temps augmentées de nouveau* (s.l., s.d.), p. 86.

étude détaillée de la fleur elle-même, mais sans noter l'importance capitale des organes reproducteurs. C'est Brunyer qui, le premier, classe les plantes par familles, familles qu'il établit en étudiant les analogies des diverses parties des plantes. Ces premiers pas mènent à la méthode naturelle que les botanistes Tournefort et Jussieu essayeront de développer et que Linné établira près d'un siècle plus tard. Il est vrai que John Ray, en Angleterre, est sur la même piste que Brunyer, mais il est né en 1627, juste sept ou huit ans avant la fondation par Brunyer du jardin botanique de Blois. Ray essaie la classification des plantes par la fleur et le fruit, mais il attache plus d'importance à ce fruit et à ses qualités qu'au procédé que la plante emploie pour produire ce fruit. Il faut attendre l'œuvre de Camerarius et de Vaillant pour voir la démonstration de la théorie de la sexualité des plantes qui, jusqu'alors n'est qu'à moitié acceptée. Linné détruira tous les doutes sur cette théorie, mais ce ne sera qu'en 1730.[55] Brunyer, en introduisant les premiers pas menant à cette méthode "naturelle," peut être appelé le fondateur de la botanique moderne. Après la mort de Gaston, Brunyer, protestant, reste sans emploi, et son élève, Morison, malgré les prières des Français, va en Angleterre où il devient le jardinier de James II, neveu de Gaston qui le lui avait recommandé. Là, il publie *Hortus Blesensis auctus,* qui continue les deux éditions de Brunyer.

Crichton, professeur écossais, dans une lettre en tête de l'édition de Morison, vante les jardins de Gaston qu'il classe au dessus de ceux de Babylone. Le but de Gaston est pourtant double:

Un des principaux buts de Gaston dans la formation de son jardin botanique avait été de rassembler une série complète de plantes médicinales que Brunyer, digne ministre de sa bienfaisance, distribuait aux pauvres de Blois.[56]

---

[55] Donald Culrosse Peattie, *Green Laurels* (New York): Literary Guild, [1936]), p. 91.

[56] Jules de Pétigny, "Notice sur la vie et les ouvrages d'Abel Brunyer", *Mémoires de la Société des Sciences et des Lettres de la ville de Blois*, XIII (1840), 479.

Le livre de Morison, qui s'attribue les découvertes et le système de Brunyer, devient vite le livre de chevet des botanistes de la fin du dix-septième siècle. Le jardin botanique de Blois, en moins de vingt-cinq ans — il a été créé en 1636 — est devenu le premier d'Europe. A la mort de Gaston, les plantes les plus rares sont transportées à Paris où elles enrichissent le jardin royal.

Pierre Vattier, orientaliste érudit mais dépourvu d'originalité et d'esprit de synthèse, devient médecin et conseiller de Gaston alors qu'il est encore très jeune. Son érudition devient si grande et si renommée qu'en 1658, à l'âge de trente-cinq ans, il est nommé professeur au Collège de France. C'est alors qu'il publie de nombreuses traductions et deux ouvrages scientifiques, l'un sur la nature des passions, et l'autre sur l'origine du sang humain, origine qu'il place dans le foie et non dans le cœur.

Vattier à Paris, Morison en Ecosse et Brunyer à Blois veillent à la renommée de Gaston en tant que protecteur des sciences. Jean Meaulme [57] et René de Faverolles [58] raccommodent sa réputation politique. Son renom de mécène littéraire doit chercher sa substance dans les périodes antérieures au séjour à Blois. Si les travaux scientifiques vont leur train, grâce aux efforts que Gaston a bien voulu faire vingt ans plus tôt, les hommes de lettres ont besoin, pour garder leur élan vital, d'un soutien toujours actif. Ce soutien, Gaston ne l'offre plus pendant ses dernières années à Blois, et les jeunes auteurs de mérite le quittent pour chercher fortune à Paris.

---

[57] *Oraison funèbre à la mémoire auguste de feu Mgr. Gaston-Jean-Baptiste duc d'Orléans, fils de France* (Paris: Langlois, 1660).
[58] *Oraison funèbre sur le trespas de feu Mgr. le duc d'Orléans* (Blois: Hotot, 1660).

CONCLUSION

La vie de Gaston comporte trois périodes. La première va de 1608, date de sa naissance, à 1626, année de son mariage; la deuxième, de 1626 à 1652, date de son exil à Blois; la dernière, de 1652 à 1660, date de sa mort.

La première période est celle de la formation d'un esprit mécontent. Louis XIII, poussé par des courtisans jaloux de leur influence et par un complexe d'infériorité notoire, fait avorter tous les efforts de Gaston et de ses amis pour se faire valoir. Tous les projets qui visent à élever le frère du roi d'une manière à le rendre digne d'une position égale à ses droits de naissance sont frustrés, parfois assez brutalement. Ces façons d'agir ont pour résultats immédiats de rendre Gaston frondeur et rébarbatif envers toute contrainte royale. En fin de compte, il voit qu'il ne peut lutter contre de telles forces — celles du roi et d'un ministre destiné à devenir le plus habile homme politique du siècle — et se voyant assigné un rôle de traître, il en prend, petit à petit, tous les traits. Si on est condamné pour une faute, autant vaut en jouir. Il devient donc traître du point de vue de la couronne, et en cela il est aidé par les mauvais conseils des ambitieux qui foisonnent alors en France. Elevé par des créatures de Louis XIII qui ne savent même pas se gouverner elles-mêmes, il devient mauvais garnement, mais sans perdre le goût de la littérature et des sciences que ses premiers maîtres lui ont inculqué.

La deuxième partie de sa vie n'est qu'une longue série de troubles politiques, de révoltes, d'exils. Au fond, il veut être rangé, obéissant. Mais la dictature de son frère et de Richelieu devient bientôt insupportable, et il n'obéit alors que trop souvent aux mauvais conseils des nobles qui pensent pouvoir profiter de son mécontentement.

Cette période, du point de vue intellectuel, est un pas en arrière. Peu enclin à de lourdes pensées, il s'entoure d'écrivains libertins. Nous ne parlons pas ici de libertins purement érudits. On ne trouve pas de Gassendi, ou de Naudé auprès de Gaston. Les poètes, chez Gaston, sont des esprits libres, parfois des "esprits forts," et certains d'entre eux vont jusqu'à la goinfrerie et à la débauche complète. Gaston les encourage et les attire chez lui. Comme beaucoup de nobles de son temps, il devient le mécène d'une troupe d'écrivains dont la production est libérée des règles de la société polie et des soi-disant législateurs du Parnasse. Cette classe d'écrivains foisonne alors, car les mœurs de la noblesse en général sont encore assez grossières. Les réformes de Madame de Rambouillet ne sont pas celles de Madame de Maintenon, et chez la première, comme chez Gaston, on fait souvent des gorges chaudes de sujets qui, en 1685, seront considérés plutôt scabreux. Chez Gaston, la religion est une cérémonie sans laquelle on ne rêve pas même de passer une journée, mais on n'y apporte que bien peu de sérieux. La vie étant une farce, on respecte peu les règles qui la gouvernent. La littérature du milieu reflète cette attitude irrévérencieuse envers la religion et l'état.

La dernière période de la vie de Gaston est une période de résignation. Du point de vue politique, ce prince se rend enfin compte qu'il ne sera jamais rien, pas même un révolté accompli. Il a échoué en tant que traître, et il ne peut plus jouer le rôle de héros. La littérature chez lui en pâtit. Les chansons bachiques et érotiques perdent leur souffle et leur verve. Du point de vue du "monde," Gaston, sans être enterré, est mort. Donc, il ne faut pas être trop surpris s'il commence à tourner les yeux vers la conquête de l'autre monde. Démodé, anéanti par les désastres politiques et la mauvaise santé, il ne pense plus qu'à passer ses derniers jours paisiblement. Les sciences lui offrent alors un passe-temps qui n'est pas trop rigoureux et qui ne lui rappelle pas ses plus folles journées.

Du point de vue personnel, Gaston a complètement échoué. Il n'a pas eu le courage de ses convictions. Il n'a pas été un traître accompli, et n'a pas pu non plus se distinguer comme soutien de la couronne ou même du peuple. En tant que mécène, il n'a pas su reconnaître le génie de ses meilleurs protégés. Il a trop aidé des écrivains médiocres, et a trop souvent laissé les meilleurs écrivains languir dans la misère, perdant ainsi leurs services au détriment de sa gloire.

Néanmoins, il faut admettre ceci: son existence même a été pendant longtemps le point de repère, voire même la raison d'être de toute une littérature. Ce mouvement, chez Gaston et chez d'autres princes de son tempérament, reflète un milieu qui est un trait d'union entre le seizième et le dix-huitième siècle. Nous ne voulons pas ici donner aux libertins de mœurs ce qui appartient aux érudits, tels Gassendi, Bayle, et tant d'autres, mais il convient de reconnaître que c'est un tel climat d'irrévérence et d'insouciance qui donnera au jeune Voltaire et à d'autres philosophes qui suivront, le goût du libertinage, sinon de la chair, du moins de l'esprit. Une fois Gaston disparu, ce milieu libertin s'efface un peu, mais le grain est semé, et la moisson viendra. Un coup d'œil jeté sur la régence de Philippe d'Orléans en donnera la preuve.

SOURCES MANUSCRITES

Bautru, Guillaume de. "Lettre du 16 janvier à Richelieu." Archives du Ministère des Affaires Etrangères, Mémoires et Documents, France, Vol. 813, F⁰ 30.
Orléans, Gaston-Jean Baptiste, duc d'. "Lettre du 15 mai à Chavigny." Archives du Ministère des Affaires Etrangères, Mémoires et Documents, France, Vol. 254, F⁰ 30.

PRINCIPALES SOURCES IMPRIMEES

Arnauld d'Andilly, Robert. *Journal inédit*. Paris: Techner, 1857.
Barthélémy, Ed. de, ed. "Choix de lettres inédites." *Bulletin du Bibliophile et du Bibliothécaire*, 1876, pp. 1-22, 249-65.
Boileau-Despréaux, Nicolas. *Œuvres complètes*. 7 Vols. Paris: Société des Belles Lettres, 1934-43.
Bois d'Annemetz [d'Ennemetz], Jacques Daniel de. *Mémoires d'vn favori de Son Altesse Royalle monsieur le dvc d'Orléans*. Leyde: Sambix le jeune, 1668.
[Boislisle, A. de?]. "Lettres de Louis XIII (1619-1629)" *Annuaire-Bulletin de la Société de l'Histoire de France*, X (1873), 182-92, 197-208, 213-24, 228-58.
Boissat, Pierre. *Histoire Negre-pontique, contenant la vie, et les amours d'Alexandre Castriot* [etc.]. Paris: Musier, 1731.
Brunyer, Abel. *Hortus Regius Blesensis*. Paris: Vitré, 1653.
———. *Hortus Regius Blesensis*. Paris: Vitré, 1655.
Camus, Albert. *Le Malentendu* suivi de *Caligula*. Paris: Gallimard, 1944.
Chapelain, Jean. *Lettres*. 2 Vols. Paris: Imprimerie Nationale, 1880-83.
Chapelle, Claude-Emmanuel Lhuillier, et François le Coigneux de Bachaumont. *Voyage*. Trevoux: Par la Compagnie, 1754.
Chateaunières d'Allegrain. Voir Grenaille.
Corneille, Pierre. *Œuvres*, p.p. Ch. Marty-Laveaux (GEF). 13 Vols. Paris: Hachette, 1862-68.
L'Elite des poesies heroïqves et gaillardes de ce temps augmentées de nouveau. S.l., s.d.
Esternod, Claude d'. *L'Espadan satyrique*, p.p. Fernand Fleuret et Louis Perceau. Paris: Fort, 1922.
Faret, Nicolas. *L'Honneste Homme; ou l'art de plaire à la court*, p.p. Maurice Magendie. Paris: PUF, 1925.
———. *Recueil de lettres nouvelles*. Paris: Toussainct du Bray, 1627.
———. *Des Vertus nécessaires à un Prince*. Paris: Toussainct du Bray, 1623.
Faverolles, René de. *Oraison funèbre sur le trespas de feu Mgr. le duc d'Orléans*. Blois: Hotot, 1660.
Fontenoy-Mareuil, François Duval, marquis de. *Mémoires*. Michaud et Poujoulat, Série II, Vol. V, 1-292.

Fournier, Edouard, ed. *Le Théâtre français au XVIe et au XVIIe siècle; ou choix des comédies les plus remarquables antérieures à Molière*. 2 Vols. Paris: Garnier, [1903].
La France parlant à monseigneur le duc d'Orléans endormy. Paris: s.l., s.d.
Gilbert, Gabriel. *Rodogune* Paris: Sommaville, 1646.
Gomain, François. *L'Histoire ioyeuse contenant les passions et angoisses d'un Martyr amoureux d'une dame*. Lyon: Saugrain, 1557.
Goulas, Nicolas. *Mémoires*. 3 Vols. Paris: Renouard, 1879-82.
Grenaille, François Chatonnières de. *L'Innocent malheureux, ou la mort de Crispe*. Paris: Paslé, 1639.
———. *Le Mausolée cardinal ou éloge funèbre de feu monseigneur le cardinal, duc de Richelieu, contenant sa naissance, sa vie, sa mort et sa sépulture*. Paris: Paslé, 1643.
[———] Chateaunières d'Allegrain. *Mausolée royal ou éloge funèbre*. Paris: Besongne, 1643.
Henri IV. *Recueil de lettres missives*, p.p. M. Berger de Xivrey et J. Guadet. 9 Vols. Paris: Imprimerie Impériale, 1843-76.
Lachèvre, Frédéric, ed. *Tristan L'Hermite, sieur du Solier, poète chrétien et catholique* [*Poésies de l'Office de la Sainte Vierge et Les Heures de la Sainte Vierge*]. Paris: Margraff, 1941.
Lacroix, Paul, ed. *Ballets et mascarades de cour de Henri III à Louis XIV (1581-1652)*. 6 Vols. Genève: Gay, 1868-70.
La Serre, Jean Puget de. *Ballet des Princes Indiens*. Bruxelles: Vivien, 1634.
———. *Climène*. Paris: Sommaville et Courbé, 1643.
———. *Le Martyre de Sainte Catherine*. Paris: Sommaville et Courbé, 1643.
———. *Le Sac de Carthage*. Paris: Villery et Alliot, 1642.
———. *Thésée ou le Prince reconnu*. Paris: Sommaville, 1644.
———. *Thomas Morus, ou le triomphe de la foy et la constance*. Paris: Courbé, 1642.
Le Comte, François. *La Dorimène*. Paris: Besongne, 1632.
Lefort de la Morinière, A. C., ed. *Bibliothèque poëtique*. Paris: Briasson, 1745.
Le Maistre, Rodolphe. *Les Divins Mystères de la philosophie platonique sommairement rapportés à la sagesse de Pythagorus Ensemble un Traicté de la constance catholique contre les flotantes* [sic] *erreurs de ce temps*. Paris: Dugast, 1628.
Lettre de Belleroze à l'abbé de La Rivière. [Paris: Boudeville, 1649].
Lettre du chevalier Georges de Paris à monseigneur le prince de Condé. Paris: Boisset, 1649.
Loret, Jean. *La Muze historique*. 4 Vols. [Paris]: Jannet, 1857-78.
Mahelot, Laurent. *Le Mémoire de Mahelot, Laurent et d'autres décorateurs de l'Hôtel de Bourgogne et de la Comédie Française au XVIIe siècle*, p.p. Henry Carrington Lancaster. Paris: Champion, 1920.
Mairet, Jean de. *La Sylvie*, p.p. Jules Marsan. Paris: Droz, 1932.
Malherbe, François de. *Œuvres*, p.p. M. L. Chretien-Lalanne (GEF). 5 Vols. Paris: Hachette, 1862-69.
Mareschal, André. *Les Autres Œuvres poétiques*. Paris: Rocolet, 1630.
———. *La Chrysolite ou le secret du roman*. Paris: Toussainct du Bray, 1627.
———. *Les Feux de ioye de la France sur l'heureuse alliance d'Angleterre et la descente des dieux en France. Pour honorer la feste de cette alliance*. Paris: Martin, 1625.
———. *La Généreuse Allemande*. Paris: Rocolet, 1630.
———. *Le Railleur*. Voir Edouard Fournier. *Le Théâtre français au XVIe et au XVIIe siècles*, Vol. II.
Martignac, Algay de. *Mémoires de Gaston, duc d'Orléans*. Michaud et Poujoulat, Série II, Vol. IX, 551-606.
Maynard, François. *Poésies*. Paris: Garnier, 1927.
Mazarin, Jules. *Lettres*, p.p. [Jules] Ravenel. Paris: Renouard, 1836.
Meaulme, Jean. *Oraison funèbre à la mémoire auguste de feu Mgr. Gaston-Jean-Baptiste duc d'Orléans, fils de France*. Paris: Langlois, 1660.

Mercure français, XVII, 202-59.
Michaud, Joseph-François, et Jean-Joseph-François Poujoulat, eds. *Nouvelle Collection des mémoires pour servir à l'histoire de France.* 32 Vols. Paris: Chez l'éditeur du commentaire du code civil, 1836-50.
Molé, Mathieu. *Mémoires.* 4 Vols. Paris: Renouard, 1855-57.
Molière, Jean Baptiste Poquelin. *Œuvres,* p.p. Paul Mesnard et Eugène Despois. 13 Vols. Paris: Hachette, 1875-1907.
Montglat, François de Paule de Clermont, marquis de. *Mémoires.* Michaud et Poujoulat, Série III, Vol. V, 1-365.
——. *Mémoires.* Petitot et Monmerqué, Série II, Vols. 49-50; Vol. 51, 1-161.
Montpensier, Anne-Marie-Louise d'Orléans, duchesse de. *Mémoires.* Michaud et Poujoulat, Série III, Vol. IV, 1-523.
——. *Mémoires.* Petitot et Monmerqué, Série II, Vols. 40-43.
Montrésor, Claude de Bourdeille, comte de. *Mémoires.* Petitot et Monmerqué, Série II, Vol. 54, 235-401.
Moreau, Célestin, ed. *Choix de Mazarinades.* 2 Vols. Paris: Renouard, 1853.
Moret, Antoine de Bourbon, Comte de. *Conclusiones ex universa philosophia depromptae.* S.l., s.d.
Motteville, Françoise Bertant, dame Langlois de. *Mémoires.* Michaud et Poujoulat, Série II, Vol. X, 1-572.
Moulinié, Etienne. *Six Livres d'airs.* Paris: Ballard, 1668.
Neufgermain, Louis de. *Le Livre intitulé les Poésies et rencontres du sieur de Neufgermain.* S.l., 1637.
——. *Les Poésies et rencontres du sieur Deneufgermain.* Paris: Jacquin, 1630.
Nouveau Recueil des plus belles poésies. Paris: Loyson, 1654.
Orléans, Gaston-Jean-Baptiste, duc d'. *Lettre circulaire escrite par Son Altesse Royale à messieurs les gouverneurs des provinces.* Paris: Guillemot, 1652 (23 juillet).
Ormesson, Olivier Lefèvre d'. *Journal.* 2 Vols. Paris: Imprimerie Impériale, 1860-61.
"L'Ouverture des jours gras, ou entretien du Carnaval," p.p. Edouard Fournier. *Variétés historiques et littéraires.* Paris: Jannet, 1855, II, 345-55.
[Passart, Robert?]. *Cléonice ou l'amour téméraire.* Paris: Rousset et Martin, 1630.
Patin, Guy. *Nouvelles Lettres.* 2 Vols. La Haye: Gosse, 1718.
Patris, Pierre. *La Miséricorde de Dieu, sur la conduite d'un pécheur pénitent.* Blois: Hotot, 1660.
Pelletier. *Lettres mêlées.* Paris: de la Coste, 1642.
Perrin, Pierre. *Les Œuvres de poésies.* Paris: Loyson, 1661.
Petitot, Claude Bernard, et Louis Jean Nicolas Monmerqué, eds. *Collection des Mémoires relatifs à l'histoire de France,* Série II. 78 Vols. Paris: Foucault, 1820-29.
Pontchartrain, Paul Phelypeaux de. *Mémoires.* Michaud et Poujoulat, Série II, Vol. V, 293-446.
Recueil des plus beaux vers de messieurs de Malherbe, Racan, Monfuran, Maynard, Bois Robert, l'Estoile, Lingendes, Touvant Motin, Mareschal et les autres des plus fameux esprits de la cour. Paris: Toussainct du Bray, 1627.
Richelieu, Armand Jean du Plessis, cardinal, duc de. *Lettres instructions diplomatiques et papiers d'état,* p.p. Georges d'Avenel. 8 Vols. Paris: Imprimerie Royale, 1853-77.
——. *Mémoires.* Michaud et Poujoulat, Série II, Vols. 7-8; Vol. 9, 1-327.
——. *Mémoires,* p.p. Société de l'histoire de France. 10 Vols. Paris: Renouard, 1907-31.
Rotrou, Jean. *Œuvres,* p.p. E. L. N. Viollet-Le-Duc. 5 Vols. Paris: Desoer, 1820.
Ryer, Pierre du. *Les Vendanges de Suresne.* Voir Edouard Fournier, *Le Théâtre français au XVIe et au XVIIe siècle.*
Le Sacrifice des muses au grand cardinal de Richelieu. Paris: Cramoisy, 1635.
Saint-Amant, Marc-Antoine Gérard, sieur de. *Œuvres complètes,* p.p. Charles Louis Livet. 2 Vols. Paris: Jannet, 1855.
Saint-Evremond, Charles de. *La Comédie des Académistes.* New York: Institute of French Studies, [1931].

Sarasin, Jean-François. *Œuvres.* 2 Vols. Paris: Champion, 1926.
"Traité de Limours." *Bulletin de la Société de l'histoire de France,* 1834, II, 152-61.
Tristan L'Hermite [François L'Hermite, sieur du Solier]. *Les Amours.* Paris: Billaine et Courbé, 1638.
——. *Les Amours, La Lyre,* [etc.], p.p. Ad. van Bever. Paris: Mercure de France, 1909.
——. *Les Dandins.* S.l., 1626.
——. *La Folie du sage.* Paris: Quinet, 1645.
[——?] *Le Grand Ballet de Monseigneur...* Paris: Quinet, 1638.
——.*Les Heures de la Sainte Vierge.* Voir Lachèvre. *Tristan L'Hermite.*
——. *La Lyre.* Paris: Courbé, 1641.
——. *La Mariane,* p.p. Jacques Madeleine. Paris: Droz, 1939.
——. *La Mer.* Paris: Callemont, M.DC. XXVII. I [sic].
——. *La Mort de Chrispe.* Paris: Besongne, 1645.
——. *La Mort de Sénèque.* Paris: Quinet, 1645.
——. *La Mort de Sénèque,* p.p. Jacques Madeleine. Paris: Hachette, 1919.
——. *L'Office de la Sainte Vierge.* Voir Lachèvre, *Tristan L'Hermite.*
——. *La Panthée.* Paris: Courbé, 1639.
——. *La Panthée,* p.p. Edmond Girard, Cahiers d'un Bibliophile, Cahier numéro 5. Paris: Maison des poètes, 1904.
——. *Peinture de Son Altesse Sérénissime.* Anvers: Imprimerie Plantinienne, 1634.
——. *Plaintes d'Acante et avtres œvvres.* Anvers: Aertssens, 1633.
. *Les Plaintes d'Acante et autres œuvres,* p.p. Jacques Madeleine. Paris: Cornély, 1909.
——. *Les Vers héroïqves.* Paris: Loyson, 1648.
Vallier, Jean. *Journal,* p.p. Henri Courteault. 4 Vols. Paris: Renouard, 1902-1918.
Vaugelas, Claude Favre de. *Remarques sur la langue française,* p.p. Jeanne Streicher. Paris: Droz, 1934.
Véronneau, Paul. *L'Impuissance.* Paris: Quinet, 1634.
Viau, Théophile de. *Pyrame et Thisbé,* p.p. J. Hankiss. Strasbourg: Heitz, 1933.
Viollet-Le-Duc, E. L. N., ed. *Ancien Théâtre françois.* 10 Vols. Paris: Jannet, 1854-57.
Voiture, Vincent. *Œuvres, p.p. A. Ubicini.* 2 Vols. Paris: Charpentier, 1855.

PRINCIPAUX OUVRAGES CRITIQUES CONSULTES

Abrégé de la vie et de la mort de Monseigneur Gaston, duc d'Orléans. S.l., 1660.
Adam, Antoine. *Histoire de la littérature française au XVIIe siècle.* 5 Vols. Paris: Domat, 1948-56.
——— . *Théophile de Viau et la libre pensée française en 1620.* Paris: Droz. 1935.
Ardève, Barine [pseud. de Cécile Vincens]. *La Jeunesse de la Grande Mademoiselle.* Paris: Hachette, 1901.
Aubignac, François Hédelin, abbé d'. *La Pratique du théâtre*, p.p. Pierre Martino. Paris: Champion, 1927.
Batiffol, Louis. *La Vie intime d'une reine de France au XVIIe siècle.* Paris: Calmann-Lévy, s.d.
Beauchamps, [Pierre François Godart] de. *Recherches sur les théâtres de France.* 3 Vols. Paris: Prault, 1735.
Bernardin, Napoléon Maurice. *Hommes et mœurs au XVII siècle.* Paris: Société française d'imprimerie et de librairie. 1900.
——— . *Un Précurseur de Racine, Tristan L'Hermite, sieur du Solier.* Paris: Picard, 1895.
Bourgeois, Emile, et Louis André. *Sources de l'histoire de France.* 8 Vols. Paris: Picard, 1913-35.
Bray, René. *La Formation de la doctrine classique en France.* Lausanne: Payot, 1931.
——— . *La Préciosité et les précieux.* Paris: Albin Michel, [1948].
Bridgman, Nanie. "L'Aristocratie française et le ballet de cour." *CAIEF*, IX (1957), 9-21.
Bussy, Roger de Rabutin, comte de. *Histoire amoureuse des Gaules.* 4 Vols. Paris: Jannet, 1856-76.
Cabanès, Augustin. *Le Cabinet secret de l'histoire.* 4 Vols. Paris: Michel, 1930.
Cabeen, Charles Williams. *Influence de Giambattista Marino sur la littérature française dans la première moitié du XVIIe siècle.* Paris: Hachette, 1904.
Carriat, Amédée. *Tristan; ou, l'éloge d'un poète.* [Limoges]: Rougerie, [1955].
Champollion-Figeac, Jacques-Joseph, ed. *Documents historiques inédits.* 4 Vols. Paris; Didot, 1847.
Chéruel, [Pierre] A[dolphe]. *Histoire de France pendant la minorité de Louis XIV.* 4 Vols. Paris: Hachette, 1879-80.
——— . *Histoire de France sous le ministère de Mazarin.* 3 Vols. Paris: Hachette, 1882.
Colombey, Emile. *Ruelles, salons, et cabarets.* Paris: Delahaye, 1858.
Cosnac, Gabriel-Jules, comte de. *Souvenirs du règne de Louis XIV.* 8 Vols. Paris: Renouard et Loones, 1866-82.
Cousin, Victor. *Madame de Chevreuse.* Paris: Didier, 1876.
Couton, Georges. *La Vieillesse de Corneille.* Paris: Maloine, 1949.
Déthan, Georges. *Gaston d'Orléans.* Paris: Fayard, 1959.
Dreux du Radier, Jean-François. *Mémoires historiques, critiques, et anecdotes des reines et régentes de France.* 6 Vols. Paris: Frères Mame, 1808.

Droz, Eugénie. *Le Manuscrit des "Plaintes d'Acante" de Tristan L'Hermite.* Paris: Chez l'auteur, [1937].
Durel, Lionel Charles. *L'Œuvre d'André Mareschal.* Baltimore: Johns Hopkins Press, 1932.
Fournel, Victor. *La Littérature indépendante et les écrivains oubliés.* Paris: Didier, 1862.
Les Galanteries des rois de France. Cologne: Marteau, 1753.
Garasse, Père François. *La Doctrine curieuse des beaux esprits de ce temps, ou prétendus tels.* Paris: Chappelet, 1624.
Gay, Jules. *Bibliographie des ouvrages relatifs à l'amour.* 6 Vols. Turin: Gay, 1871-73.
Goujet, Claude-Pierre. *Bibliothèque française.* 18 Vols. Paris: Mariette et Guerin, 1740-56.
Griselle, Eugène. *Etat de la maison du roi Louis XIII; de celle de sa mère, Marie de Médicis...; de son frère Gaston d'Orléans... comprenant les années 1601 à 1665.* Paris: Catin, 1912.
——. *Maisons de la Grande Mademoiselle et de Gaston d'Orléans, son père.* Paris: Edition de documents d'histoire, 1912.
Guéret, Gabriel. *Le Parnasse réformé.* Paris: Jolly, 1671.
Hanotaux, Albert Auguste Gabriel, et Auguste de Caumont, duc de La Force. *Histoire du Cardinal de Richelieu.* 6 Vols. Paris: Plon, 1893-1947.
Hill, L. A. *Tudors in French Drama.* Baltimore: Johns Hopkins Press, 1932.
Jal, Auguste. *Dictionnaire critique de biographie et d'histoire.* Paris: s.l., 1872.
Jasinski, René. *Vers le vrai Racine.* Paris: Colin, 1958.
Koerting, Heinrich. *Geschichte des Französischen Romans im XVII. Jahrhundert.* 2 Vols. Oppeln und Leipzig: Franck, 1891.
Kossmann, Ernst H. *La Fronde.* Leiden: Universitaire Pers Leiden, 1954.
Lachèvre, Frédéric. *Bibliographie des recueils collectifs de poésies publiés de 1597 à 1700.* 4 Vols. Paris: Leclerc, 1901-5.
——. *Le Libertinage au XVIIe siècle.* 13 Vols. Paris: Champion, 1909-24.
Lancaster, Henry Carrington. *A History of French Dramatic Literature in the Seventeenth Century.* 8 Vols. Paris: PUF, 1929-40.
Larrey, Isaac de. *Histoire de France sous le règne de Louis XIII.* 9 Vols. Rotterdam: Bohm, 1721-22.
La Saussaye, Jean-François de Paule, Louis de. *Histoire du château de Blois.* Paris: Aubry, 1875.
Latreille, C. "Pierre de Boissat et le mouvement littéraire en Dauphiné au XVIIe siècle." *Bulletin de l'Académie Delphinale,* Série 4, XIII (1899), 345-500.
La Vallière, Louis César de la Baume le Blanc, duc de, et Marin de la Ciotat. *Bibliothèque du théâtre françois.* 3 Vols. Dresde: Groell, 1768.
Loiseleur, Jules. *Les Points obscurs de la vie de Molière.* Paris: Liseux, 1877.
Lough, John. "L'Ouverture des jours gras." *French Studies,* XI (1951), 260-64.
——. *Paris Theatre Audiences in the Seventeenth and Eighteenth Centuries.* London: Oxford University Press, 1957.
Magendie, Maurice. *La Politesse mondaine et les théories de l'honnêteté, en France, au XVIIe siècle, de 1600 à 1660.* 2 Vols. Paris: Alcan, 1925.
Magne, Emile. *Gaultier-Garguille.* Paris: Louis-Michaud, [1911].
——. *Le Plaisant Abbé de Boisrobert.* Paris: Mercure de France, 1909.
——. *Voiture et l'Hôtel de Rambouillet.* 2 Vols. Paris: Emile-Paul, 1929-30.
Monval, Georges. "André Mareschal (document inédit)." *Moliériste,* IX (1880), 207-10.
Moreau, Célestin. *Bibliographie des Mazarinades.* 3 Vols. Paris: Renouard, 1850-1.
Nicéron, Jean-Pierre. *Mémoires pour servir à l'histoire des hommes illustres dans la république des lettres.* 40 Vols. Paris: Briasson, 1728-39.
Nuitter, Ch. et Er. Thoinan [Pseuds de Charles Louis Etienne Truinet et d'Antoine Ernest Roquet]. *Les Origines de l'opéra français.* Paris: Plon, 1886.
Orcibal, Jean. *Port Royal entre le miracle et l'obéissance.* [Paris]: De Brouwer, 1957.
Parfaict, Claude et François. *Histoire du théâtre françois.* 15 Vols. Paris: Le Mercier, 1734-49.

——, et Q. Godier d'Abguerbe. *Dictionnaire des théâtres de Paris.* 7 Vols. Paris: Lambert, 1756.
Peattie, Donald Culross. *Green Laurels.* New York: Literary Guild, [1936].
Pellet, Eleanor J. *Gabriel Gilbert.* Baltimore: Johns Hopkins Press, 1931.
Pellisson Fontanier, Paul, et abbé d'Olivet, *Histoire de l'Académie Française,* p.p. Charles-Louis Livet. 2 Vols. Paris: Didier, 1858.
Perrens, F. T. *Les Libertins en France au XVIIe siècle.* Paris: Chailley, 1896.
Pétigny, Jules de. "Notice sur la vie et les ouvrages d'Abel Brunyer." *Mémoires de la Société des Sciences et des Lettres de la Ville de Blois,* XIII (1840), 381-505.
Pfister, Christian. *Histoire de Nancy.* 3 Vols. Paris, Nancy: Berger-Levrault, 1902-9.
Pijardière, L. de la Cour de la. "Comédiens de campagne à Carcassonne en 1649 et 1655." Moliériste, XXI (1880), 263-69.
Pintard, René. *Le Libertinage érudit dans la première moitié du XVIIe siècle.* 2 Vols. Paris: Boivin, 1943.
Rigal, Eugène, *Alexandre Hardy et le théâtre français à la fin du XVIe et au commencement du XVIIe siècle.* Paris: Hachette, 1889.
Rousset, Jean. *La Littérature de l'âge baroque en France.* Paris: Corti, 1953.
Serret, Ernest. "Un Précurseur de Racine, Tristan L'Hermite." *Le Correspondant,* LXXXII (1870), 334-54.
Somaize, Antoine Baudeau, sieur de. *Le Dictionnaire des précieuses,* p.p. Ch.-L. Livet. 2 Vols. Paris: Jannet, 1856.
Soulié, Eudore. *Recherches sur Molière et sur sa famille.* Paris: Hachette, 1863.
Tallemant des Réaux, Gédéon. *Les Historiettes,* p.p. Louis-Jean-Nicolas Monmerqué. 10 Vols. en 5. Paris: Garnier, s.d.
Tortel, Jean, ed. *Le Préclassicisme français.* Paris: Cahiers du Sud, 1952.
Verchaly, André. "Les Ballets de cour d'après les recueils de musique vocale (1600-1643)." *CAIEF,* IX (1957), 198-218.
Williams, Ralph Coplestone. *Bibliography of the Seventeenth-Century Novel in France.* New York: Century, 1931.

STAMPATO IN ROMA
PER I TIPI DI CARUCCI EDITORE

The Department of Romance Studies Digital Arts and Collaboration Lab at the University of North Carolina at Chapel Hill is proud to support the digitization of the North Carolina Studies in the Romance Languages and Literatures series.

DEPARTMENT OF Romance Studies

Digital Arts and Collaboration Lab

www.ingramcontent.com/pod-product-compliance
Lightning Source LLC
Chambersburg PA
CBHW020417230426
43663CB00007BA/1210